トラックを極める!
陸上競技
中長距離

新版

松井一樹監修

メイツ出版

陸上競技の「中長距離」といっても距離や種目はさまざま。まずは中学校・高校で競技として実施されている種目をチェックしよう。

そのなかで自分が持つ能力やスキル、適した距離を考慮して練習を積んでいくことが大切だ。本書では中長距離で速く走るためのフォームづくり、戦術、トレーニングなどを解説している。

種目によって能力やレース戦術に違いがある

陸上競技における中学生と高校生の中長距離走トラック種目は、国内大会では主に800m、1500m、3000m、5000m、3000m障害の5種目となる。このうち800mと1500mが中距離走に分類されるのが一般的だ。長距離走の3000mは中学生男子と高校生女子、5000mと3000m障害は高校生男子のカテゴリーでそれぞれ実施される。

距離や特性が異なる各種目には、求められる能力やレースでの戦術も変わってく

る。**目標とする種目で良い結果を得るためには、それぞれの特性に適したトレーニングやレース経験を多く積む必要がある**。その過程において、さまざまな失敗や悔しさを経験したり、一生懸命練習をしてもなかなか結果につながらないもどかしさやつらさを感じたりすることもあるが、そうした苦しみや困難を乗り越えてこそ、つかんだ勝利や記録更新の喜びを存分に味わうことができるものだ。絶対にあきらめず、チャレンジし続けよう。

	高校 (全国高等学校総合体育大会)		中学 (全日本中学校陸上競技選手権大会)	
	男子	女子	男子	女子
中距離	800m	800m	800m	800m
	1500m	1500m	1500m	1500m
長距離	5000m	3000m	3000m	—
障害物	3000m障害	—	—	—

日本記録保持者が中長距離選手にアドバイス

一般的な陸上部には「中長距離」を専門に指導するコーチの数が少ない。指導者がいない、環境が整わない中高生アスリートたちは自分で考え、悩みながら練習しているのだ。中長距離の各種目で日本記録を保持しているトップアスリートたちが、速く走るために必要な「競技への向き合い方」をアドバイスしてくれる。

種目の特徴を知り、走りの戦略を立てる

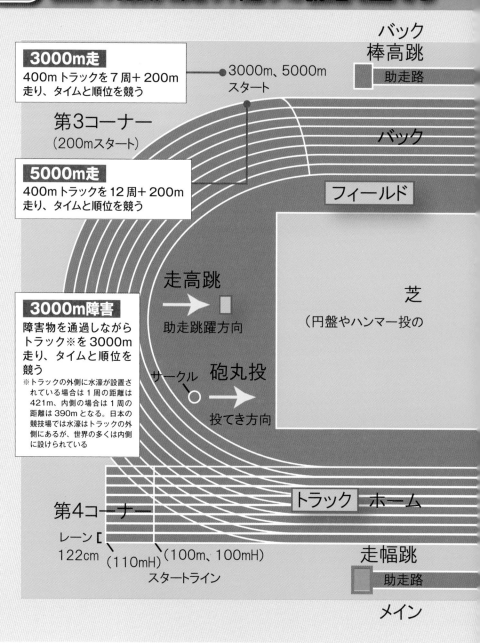

3000m走
400mトラックを7周＋200m
走り、タイムと順位を競う

第3コーナー
（200mスタート）

5000m走
400mトラックを12周＋200m
走り、タイムと順位を競う

3000m障害
障害物を通過しながら
トラック※を3000m
走り、タイムと順位を
競う
※トラックの外側に水濠が設置さ
れている場合は1周の距離は
421m、内側の場合は1周の
距離は390mとなる。日本の
競技場では水濠はトラックの外
側にあるが、世界の多くは内側
に設けられている

バック
棒高跳
助走路

3000m、5000m
スタート

バック

フィールド

走高跳
助走跳躍方向

芝
（円盤やハンマー投の

サークル
砲丸投
投てき方向

第4コーナー

レーン
122cm　（110mH）　（100m、100mH）
スタートライン

トラック　ホーム

走幅跳
助走路

メイン

4

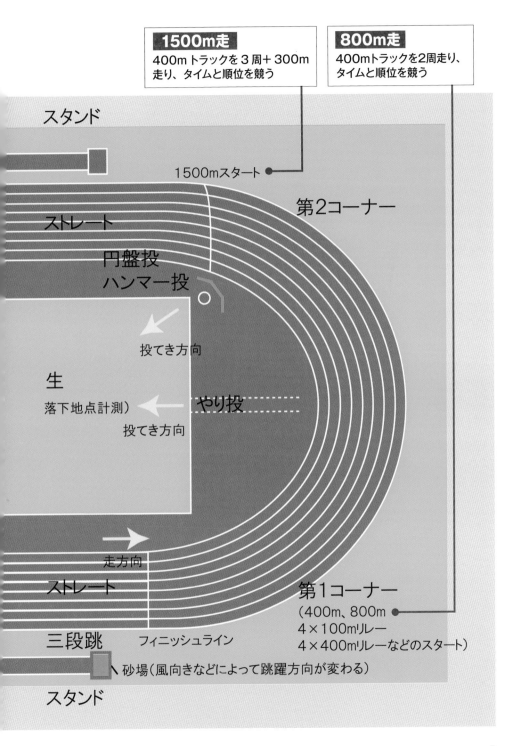

1500m走
400mトラックを3周＋300m
走り、タイムと順位を競う

800m走
400mトラックを2周走り、
タイムと順位を競う

スタンド

1500mスタート

第2コーナー

ストレート

円盤投

ハンマー投

投てき方向

生

落下地点計測）

やり投

投てき方向

走方向

ストレート

第1コーナー

（400m、800m
4×100mリレー
4×400mリレーなどのスタート）

三段跳

フィニッシュライン

砂場（風向きなどによって跳躍方向が変わる）

スタンド

この本の使い方

この本は、陸上中長距離で活躍するためのコツを紹介しています。中長距離を走ることの基本的な考え方に始まり、レースでの駆け引きや戦術、さらには効果的なトレーニング方法に至るまで、速く走るための知識やポイントを一通り網羅しています。

最初から読み進めていくことが理想ですが、自分が特に知りたいと思うところだけを読んで身につけることも可能です。コツは原則として2ページに1つ紹介し、各ページにはテクニックを習得するためのポイントをあげていますので、理解を深めるための手助けにしてください。

タイトル
このページでマスターするポイントやテクニックがひと目でわかるようになっている。

PART 3

コツ

800m走のポイントと戦術

ラストのスピード勝負を

CHECK POINT!
1 スピードとスタミナの両方を強化する
2 1周目は2周目よりやや速いペースが理想
3 ブレイクラインの前から他の選手の位置を把握する

集団内の位置取りを重視する

トラックを2周する800m走は、他の種目と比べて距離が短いので、レース中のランニング速度は非常に速くなる。よほどの実力差がない限り、集団でレースが展開されるため、集団のどこに位置するかがレース結果に大きく影響する。特に重要なのは、ラスト200～300mで

の位置取り（ポジショニング
好記録を出すためには、
く安定させ、2周目のタイ
～4秒落ちに留めるのが理
ラストスパートのスピード勝
ースが多い。勝つためには
かけるタイミングが重要だ。

50

解説文
この本で紹介するコツと、関連する知識を解説している。じっくり読んで理解しよう。

POINT
テクニックを上手く行うためのコツを、
写真を使って詳しく解説している。

る

をなるべ
周目の2
勝敗は、
決するケ
パートを

POINT ① スピードとスタミナの両方を強化する

　800m走のランナーには、短距離走者のスプリント能力と、長距離走者の持久力の両方を融合させた能力が求められる。トレーニングでは、4割が持久力、3割がスピード持久力、3割がスピードを高めるメニューでプランを立てるようにしたい。また、レースでの駆け引きを知るため、模擬レースにも積極的に取り組んでおきたい。

POINT ② 1周目は2周目よりやや速いペースが理想

　好記録が出るときは、1周目がある程度速いペースになっていることが多い。激しいペースの上げ下げが行われることもあるが、惑わされずに安定したペースでレースを進めるようにしたい。そのためにも、自分の今のランニング速度がトラック1周では何秒になるのがかがつかめるように、トレーニングでペース感覚を磨いておこう。

POINT ③ ブレイクラインの前から他の選手の位置を把握する

　レース結果を大きく左右する位置取りは、オープンレーンになったところから始まるが、良い位置をとるためには、セパレートレーンを走っているときから他のランナーの位置を確認しておく必要がある。スタートが外側のレーンの場合は他の選手が見えづらいが、第2コーナーの途中で様子をうかがうようにしよう。

+1 プラスワンアドバイス

**ブレイクラインまでは
自分のレーン内を走る**

スタートから120mまでのセパレートレーンを走っているとき、自分のレーンよりも内側のレーンに出てしまうと失格になる。外側のレーンに出た場合は、そのレーンの選手の妨害とならなければ失格にはならない。

51

CHECKPOINT
テクニックをマスターするためのポイントを要約している。取り組む際は常に意識して行おう。

プラスワンアドバイス
気をつけるべきポイントや注意点などをアドバイスしている。

CONTENTS

※本書は2017年発行の『トラック走を極める！陸上競技　中距離走』を「新版」として発行するにあたり、内容を確認し一部必要な修正を行ったものです。

プロローグ

- PART-1 01 種目によって能力やレース戦術に違いがある ……………………… 2
- PART-1 02 種目の特徴を知り、走りの戦略を立てる ………………………… 4
- この本の使い方 ………………………………………………………………… 6

PART1　記録保持者がアドバイス　中長距離で速く走るコツ

- コツ 1 成長を続け"世界"に挑戦する ……………………………………… 12
- コツ 2 強い軸とぶれない身体をつくる …………………………………… 18
- コツ 3 故障をせず、継続して練習する……………………………………… 20
- コツ 4 柔らかい路面や不整地を積極的に走る ……………………………… 22
- コラム① 中長距離の年代別日本記録 ……………………………………… 24

PART 2　中長距離のフォーム作り

- コツ 5 効率の良いフォームを身につける …………………………………… 26
- コツ 6 正しい立ち姿勢をつくる………………………………………………… 28
- コツ 7 重心移動とテンポを意識して歩く …………………………………… 30
- コツ 8 フォームからムダな動きを省く ……………………………………… 32
- コツ +α トップ選手の走りから理想のフォームをイメージ …………………… 34
- コツ 9 足の接地時間を短くする ……………………………………………… 36
- コツ 10 脚の内回しで骨盤周辺をストレッチ ………………………………… 38
- コツ +α もも上げで尻の筋肉に刺激を入れる ……………………………… 39
- コツ +α もも上げで尻・太もも裏側の筋肉に刺激を入れる ………………… 40
- コツ +α もも上げで接地時の重心を意識する ……………………………… 41
- コツ +α ギャロップで接地から蹴り出しまで意識する ……………………… 42
- コツ +α ランジウォークで下半身をストレッチ ……………………………… 43

コツ11 速度をなるべく落とさずジャンプする ……………………………… 44
コラム② シューズのメンテナンス ………………………………………… 46

PART 3　中長距離のレースでの駆け引き

コツ12 レースの流れを理解する ……………………………………………… 48
コツ13 ラストのスピード勝負を制する ……………………………………… 50
コツ14 イーブンペースでレースを進める ……………………………………… 54
コツ15 レース前半のオーバーペースを避ける ………………………………… 58
コツ16 ラスト1000mからが本当の勝負 ……………………………………… 60
コツ17 ハードリング・テクニックを磨く ……………………………………… 64
コツ18 持久力強化の一環として行う …………………………………………… 66

PART 4　中長距離のトレーニング

コツ19 トレーニングの原則を知りレベルアップする ………………………… 68
コツ20 軽い走りで筋温をあげる ………………………………………………… 70
コツ21 自分にあったペースで走る ……………………………………………… 71
コツ22 種目に適したインターバルをとる ……………………………………… 72
コツ23 長い距離をしっかり走る ………………………………………………… 73
コツ24 ランと休息を繰り返す …………………………………………………… 74
コツ25 目標タイムを設定して走る ……………………………………………… 75
コツ26 トレーニングの「質」にこだわる ……………………………………… 76
コツ27 お尻と太ももの筋肉をほぐす …………………………………………… 78
+α 体幹と太もも裏側の筋肉を伸ばす ……………………………………… 79
+α ストレッチ＋体幹トレーニング ………………………………………… 80
+α 太ももの筋肉を伸ばす …………………………………………………… 81

27 背中・肩・胸の筋肉をほぐす ……………………… 82
28 ヒザをツイストさせる ……………………………… 83
29 尻や脚の外側を鍛える ……………………………… 84
30 尻や太モモを鍛える ………………………………… 85
31 骨盤を動かさず移動する …………………………… 86
32 片脚立ちから腰を落とす …………………………… 87
29 片脚立ちから腰を落とす …………………………… 88
33 片脚ジャンプから腰を落とす ……………………… 89
34 片脚ジャンプで横に移動する ……………………… 90
35 ジャンプとスクワットを繰り返す ………………… 91
30 体の軸をまっすぐ保つ ……………………………… 92
36 体をキープしながら脚を上げる …………………… 93
31 ダンベルを持ち体を起こす ………………………… 94
37 ダンベルを持ち片ヒザで立つ ……………………… 95
32 ストレッチポールの上で脚を上げる ……………… 96
38 ポールの上でツイストしながら脚を上げる ……… 97
39 上半身を固定して脚を引き寄せる ………………… 98
33 腕立て伏せから手足首にタッチ …………………… 99
34 対となる手足を同時に動かす ……………………… 100

PART 5　パフォーマンスを発揮するためのコンディショニング

35 コンディショニングを習慣づける ………………… 102
36 食習慣を見直し、栄養バランスを整える ………… 104
37 日々の食生活を改善する …………………………… 106
38 超回復を利用して能力を向上させる ……………… 108
39 睡眠で疲労を回復する ……………………………… 109
40 湯船につかって疲れをとる ………………………… 110
41 練習・レース後はアイシングでケア ……………… 111
42 ケガへの対処法を覚える …………………………… 112
43 安静時心拍数を計る ………………………………… 114
44 突発的な痛みには適切な処置をする ……………… 115
45 貧血に注意して体を整える ………………………… 116
46 イメージトレーニングでメンタル強化 …………… 117
47 調子のピークになるよう最善を尽くす …………… 118
48 スケジュールを確認し、マイペースで行動する … 120
49 ボディケアと栄養補給を忘れない ………………… 122
50 ランニングノートをつける ………………………… 124

記録保持者がアドバイス
中長距離で
速く走るコツ

PART 1

PART **1**

コツ **1**

800m日本記録保持者・川元奨選手インタビュー

成長を続け"世界"に挑戦する

トップアスリートたちは、数ある中長距離の種目から、どうやって自分に適した距離を見つけたのだろうか。また、レベルアップするために、どのような練習を積んできたのだろうか。中長距離の日本記録を達成した四名がインタビューやQ&Aで中高生ランナーにアドバイスする。

■ 競技生活の原点となった
■ 意外なきっかけと周囲の支え

陸上中距離種目の800m走の日本記録保持者（2014年達成）で、2015年武漢アジア選手権銅メダリスト、2016年リオデジャネイロ五輪の同種目日本代表などトップアスリートとして活躍する川元奨選手。そもそも陸上競技を始めたきっかけ

は、意外なものだったという。

「小学5年生までミニバスケットボールをやっていて、中学校でもバスケをやろうと思っていましたが、姉が陸上部に入っていたことから、親から『姉弟が違う部活だと試合日が重なったときに応援に行けないから困る』と陸上部を勧められたんです。走ること自体は好きだったし、まあいいかなくらいの気持ちでした」

写真：AP/ アフロ

　陸上部に入り、1 年生時は走り幅跳び、2 年生の前半では短距離走の 400m 種目にも取り組んだが、部に所属しているから練習をしていただけで、あまり真剣ではなかったと打ち明ける。

　「どちらもいい成績が出せず、何か他の種目をやってみようかなと思って始めたのが 1500m 走でした。僕が通っていた中学の陸上部では、基礎体力づくりの目的もあって、朝練習でいろんな種目を練習していたので、1500m 走にもすんなり取り組めました」**

　中学 3 年生時には全日本中学選手権の 1500m 走に出場するなどこれまでにない好結果が出たが、ジュニアオリンピックには 1500m 走の種目がなかったため、選手権後から 800m 走に取り組み、ジュニアオリンピックでは 4 位入賞。当時、同じ

だなと、その頃は思っていました（笑）ただ、その分スピードも速くなるのできついなと感じることもありましたが」

　高校進学後も陸上部に入り、1年生の時から800mと1500mの2種目でインターハイ出場を目指したが、初年度は2種目とも県大会の決勝に進めず敗退。競技レベルの高さを感じたという。

　「自己記録では出場選手の中で上位でも、レースでは通用しないことにショックを受けました。自分が速いかどうかだけではなく、レースの展開や駆け引きを覚えないと勝負にならないなと。同時に、それこそが中距離走の醍醐味だと気づき、次は勝ちたいという思いが強くなり、普段の練習にもより積極的に取り組むようになりました」

　高校2年生の春に、陸上部の顧問だった先生のうち1人が転勤となり、その後は陸上未経験の先生だけが顧問となった。指導面での大きな変化について戸惑いはなかったのだろうか。

　「もちろん驚きましたけど、他の顧問の先生が親身になって練習を見てくれましたし、元顧問の先生は県の中長距離の強化コーチだったこともあり、転勤後も大会に向けた練習メニューを見てくれたり合同練習や合宿などで指導してくれたりしていたので、不安になることはありませんでした」

中距離走種目である800m走と1500走の違いをどう感じていたのだろうか。
　「トラックを3周以上走る1500mよりも、2周しか走らない800mのほうが楽

■勝利と記録更新のために ■「先行逃げ切り」を追求

　練習のメニューはいたってシンプル。校庭やグラウンドでの練習以外には、学校の

正門前での坂ダッシュや、近くにある神社まで行ってクロスカントリー、登坂走などにも取り組んだという。恩師たちの熱心な指導と地道な努力の甲斐あって2年生時には800m走と1500m走でインターハイに出場し、800m走で2位入賞を果たす。

「高校1年生のときは、800m走のレース終盤まで集団の前方で様子を見ながら走り、ラスト100mで勝負するというスタイルでしたが、レベルの高い選手が集まるレースでは勝てないことがわかり、記録で1分50秒を切るためにも、思いきって先行逃げ切りを目指すようにしました」

2年生時の秋に行われた国民体育大会の少年共通800m決勝で、当時の自己ベスト1分51秒31で3位入賞。2週間後の日本ユース選手権では当時の大会記録をマークし、初の全国タイトルを獲得した。

「全国のタイトルを初めて獲ったときは、大会前のランキングでも1位だったし、同学年だけのレースということもあり、優勝して当たり前だと思っていました。その頃は高校記録を更新することを目指していたので、それが達成できなかった悔しさのほうが印象に残っています」

800m走のトップ選手の一人として迎えた高校3年生時には、ジュニアカテゴリーながら自身初となる日本代表を経験。インターハイ決勝では2位に2秒15の大差をつけて初優勝を果たし、国体でも初優勝、高校タイトル2冠に輝いた。国体の2週間後の日本ジュニア選手権では3冠達成の期待が高まったが、大会3日前に急性胃炎となった影響で無念の棄権を余儀なくされた。

「3冠を達成するというよりも、絶対に1分50秒を切ると意気込んでいたので、ショックでした。プレッシャーやストレスから来た胃炎ではなく、今も原因はわかりません。ただ、その1週間後の大会にも出場を予定していたので、棄権することを決

めた後はコンディションの回復と調整に専念し、いい意味で開き直ってレースにのぞめたと思います」

2010年10月に行われた川崎陸上フェスティバル。800m走に出場した川元選手は、1分48秒46をマークし、当時の日本高校記録を樹立。1999年以来破られていなかった1分48秒50の記録を11年ぶりに更新し、1分50秒を切った史上10人目の高校生となった。

■さらなる飛躍に結びついた
■補強運動での体幹強化

高校チャンピオンの座を獲得した川元選手は翌年、日本大学に進学。2012年には1分46秒89のジュニア日本記録を樹立し、さらに、関東インカレ、日本学生個人選手権、日本インカレと大学の主要大会の800m走種目の全制覇も成し遂げている。実力のさらなる向上を実現した大学生時代、トレーニング面での変化はあったのだろうか。

「高校時代はあまりやらなかった補強運動に積極的に取り組むようになりました。正直、筋トレは嫌いでした（笑）最初の頃はとにかくきつかったのですが、補強運動を継続して行い、習慣化したことで、大学に入学したときと比べて体つきががっしりしたと言われるようになったし、レースでは疲労が出てくる終盤のフォームの安定にもつながりました。今思えば、中学高校の頃に、もう少し補強運動をしておけばよかったなと思います」

2014年5月に出場したゴールデングランプリ東京では、それまでの自己ベスト1分46秒89を大幅に更新する1分45秒75の日本記録を樹立。前年の日本選手権初優勝と合わせ、名実ともに800m走における日本最高峰のトップアスリートとなった。2016年にはリオデジャネイロ夏季五輪の800m日本代表に選出、わずか0秒01差で準決勝進出を逃したものの、次へとつながる貴重な経験を得た。

「オリンピックの代表選手になることは長年の夢だったので出場できて素直に嬉しかったのですが、予選で終わってしまいすごく悔しかったし、ただ出るだけじゃダメだ、と痛感しました。大会の雰囲気にのまれることはなかったものの、海外選手は速いという先入観が強すぎて、予想外のスローペースに惑わされてレースで実力を発揮できませんでした。これからもっと国際大会でのレース経験を積んで、展開の研究を進め、駆け引きも磨いていくつもりです。そしてもう一度オリンピックに出場し、陸上中距離種目でも日本人はここまでやれるんだということを自分の走りで証明したい。そのために、まずはオリンピックに出るのが当たり前の選手になろう、と思っています」

■中距離走に取り組む中高生へ
■川元選手からのメッセージ

輝かしい競技実績を持つ川元選手も、これまでに大会の出場辞退や練習中止を強いられる大きなケガを過去に何度か経験してきた。それを踏まえ、現在、コンディション面で気を配っていることを尋ねてみ

た。

「調子の良さが続いているときほど、体調管理に注意するように心がけています。ケガは突然起こるのではなく、体の深部の疲労や小さな異変の蓄積が、あるとき限界を超えてケガという形になって現れるんだと僕は考えていて、好調が続くときは、その限界が近いというサインだととらえるようにしています。もしケガをしてしまっても、むやみにあせったり落ち込んだりせず、ケガの治療と休養に専念することが大切です。蓄積した疲労や違和感を完全になくすために必要な時間がもらえたと良い意味で割り切り、心身ともにリラックスして過ごすようにしています」

最後に、陸上中距離走種目に取り組む中学生・高校生へ、日本のトップ選手である川元選手からメッセージをもらった。

「800m 走は選手同士の駆け引きで優位に立つことが重要なので、レース経験を重ねる中で自分なりの試行錯誤を繰り返して、どんなレース展開になっても自分のペースで走れる自信と技術を、徐々に身につけていってほしいですね。あとはラスト勝負に入るときにどれだけ余力を残しておけるか。レース展開や他の選手との駆け引きでの体力の消耗をなるべく避けることは当然大切ですが、まずはスピードや持久力といった走力の底上げを図らないと、ラスト勝負に持ち込むことすらできないですから。日々の練習に対して常に目的意識を持って取り組み、いつも全力でやりきることを心がけてほしいと思います」

強い軸とぶれない身体をつくる

写真：アフロ

1500 m種目を始めるきっかけや
本格的に取り組むようになった理由は?

ーすでに高校のときから1500 mに取り組んでいましたが、それは長距離という一括りの考えでした。もともとスピードがある方だったので、駅伝や長距離に生かせるように始めました。

本格的に取り組むようになったのは実業団に入ってからです。大学の箱根駅伝で持ち前のスピード感覚が失われていたので、そのスピードを取り戻すために1500 mを取り入れたら、実業団1年目の日本選手権で自己ベストで5位に入賞し、翌年には同大会で優勝して1500 mの魅力にとりつかれてしまいました。そうなったらとことんまで極めてみたいと思うようになったのも必然です。

中高時代の具体的な
練習メニューは?

ー中学時代の部活動では、全体練習(W-Upや補強)の後に、毎日300 mを6本やりました。最初の3本は運動靴で、後半の3本はスパイクを履いて、という具合にタイムは50秒程度です。当時は動きやフォームについて、細かな考えもなく、毎日を楽しく、何秒で走れたとか、もう一本やろうかとか、そういう価値観の中で楽しくやっていました。

高校時代は駅伝の名門校ということで、長距離としてはスタンダードな練習メニューだったと思います。距離走は多くても20km程度、インターバルも1000m×5本や400 m×12本など、特別なことはしていません。

いずれにしても、この時期には専門的なことよりも、基礎となる体力やスピード、そして競技者としてのメンタルをそれぞれの指導者に育てていただいたと実感しています。

1500m 種目の魅力や難しさは?

ーやはり1500 mは、レースの複雑さと駆け引き、スローペース、ハイペースという内容に富んだレースに魅力を感じると同時に難しさも感じます。そのためにパワー、テクニック、メンタル全てにおいて鍛え上げなければなりません。まさに総合的能力が必要な種目だと思います。だからこそ、やりがいがあり、目指しがいがあると思います。また、走る側でなく、見る側になっても、1500 mはハラハラドキドキさせるといった部分では、大いに楽しい種目だと思います。

中学生・高校生の選手へ
メッセージやアドバイス

ー1500 mの能力というものは、これから先距離を伸ばしても、短くしても必ず武器になる、プラスになる能力だと思います。1500 mの能力を生かして、駅伝で活躍するもよし、スピードを追求して中距離のトップに立つもよし。競技幅を広く見据えられる種目ですので、今のうちにどんどん挑戦してもらいたいと思います。

身体能力強化ということならば、やはり強い軸作りとぶれない身体作りを目指してほしいです。体幹トレーニングもいいと思います。練習メニューが偏ることなく、スピードとスピード持久力の養成に計画的に取り組んでいきましょう。

メンタル面では、積み重ねることを怠らず、基本を一番大事にしてほしいと思います。日々の取り組みに妥協せず、目標に向かって明確なヴィジョンを描ける人は、必然的にメンタルも強くなります。いざ、スタートラインに立った時、不安よりも楽しみの方が大きいことでしょう。

コツ
3

5000m日本記録保持者・大迫傑からのアドバイス

故障をせず、継続して練習する

**5000m をはじめるきっかけや本格的に
取り組むようになった理由は？**
－小学校の頃に地元のマラソン大会があり、
三年生から野球のスタミナ練習の一環として
参加していました。その大会で優勝できたの
が中学校から本格的に陸上を始めようと思った
きっかけです。

**学生時代に積極的に取り組み、
能力アップに役立ったと思う具体的な
練習メニューと実感した効果は？**
－高校時代のトレーニング場所がクロスカント
リーで、毎日アップダウンのあるところ、路
面が比較的柔らかいところで走れたのが現在
のフォームの基盤となっていると思います。
　また、そこで行ったスピードトレーニングも、
しなやかなフォーム、ダイナミックなストライ
ドをつくるうえで、非常に効果的だったと感じ
ています。

5000m 種目の魅力と難しさは？
－スピード、スタミナ等様々な要素が必要な
ので、それぞれを強化していこうと思うと、ト
レーニングを始めてから結果が出るまでに時
間はかかりますが、その分 10 秒 ,20 秒と大
幅にタイムが縮まった時は嬉しいですね。

写真：YUTAKA/ アフロスポーツ

　選考（勝負重視）レースと記録会レースで
は、求められるレースプランが大きく変わりま
す。特に世界大会での予選などは位置どりが
激しく、それに失敗すると落選してしまいます。
一発決勝の 10000m にはないフィジカル面
での戦いがありますが、なかなか普段の練習
では強化しにくいので、その辺が難しいところ
です。

**5000m 種目に取り組んでいる
中学・高校生へ、身体能力やメンタル面の
強化に関するアドバイス**
―身体強化に１番重要なのは故障をせず、継
続して練習をすることです。そこで大事なの
は自分で自分の身体を知ること、またコーチ
や指導者に自分の身体を知ってもらうことだ
と思います。気になる箇所があったらケガに
至る前にしっかり相談しましょう。
　また、中高生は人によって成長の速度に差
があります。今結果が出なくても、ひたむき
に練習をしていればいずれ結果が出ると思い
ます。焦らず、自分の可能性を信じて能動的
に練習に取り組んで下さい‼
　メンタル面は、オンとオフの切り替えをしっ
かりと持つことが重要だと思います。僕はい
かに普段の生活をリラックスし、心に余裕があ
るものに出来るかと言うことを心掛けていま
す。

3000 m障害日本記録保持者・岩水嘉孝からのアドバイス

柔らかい路面や不整地を積極的に走る

写真：築田純 / アフロスポーツ

3000mSC（障害）をはじめるきっかけや本格的に取り組むようになった理由は？

ーきっかけは高校生の時、比較的跳躍力に長けていた事もあり、指導者の先生から勧められました。本格的に取り組む様になったのは大学を卒業し、実業団へ入ってからです。マラソンよりもトラックで勝負したい思いが強く、3000mscが5000mや10000mよりもオリンピックのメダル獲得に一番近い種目だと感じたからです。

学生時代に積極的に取り組み、能力アップに役立ったと思う具体的な練習メニューと実感した効果は？

ー走る練習以外には、レクリエイショントレーニングとしてサッカーやバレーボールを取り入れてました。単調な走りの動作を追求するというより、楽しいクラブ活動でした。今、考えると夢中にボールを追いかける事で、自然と身体の使い方を覚えたと思います。

3000mSC（障害）種目の魅力と難しさは？

ー陸上競技のレースを見ていて、3000mSC（障害）は一番面白い種目だと感じています。レース中の駆け引きや障害がある中で、順位の変動が激しく、時にはアクシデントがあったり、観ていてエキサイトします。その種目で実際に走ったらカッコイイなと思っています。

　難しいと感じることは、単純に走る練習で走力（5000mや10000mのタイム）が身に付けば3000mscのタイムも伸びていきますが、それに正比例しないという事です。ある一定の所まで突き詰めると技術面が大切になってきますし、一筋縄では行きません。中長距離、マラソンのトレーニング方法は調べれば沢山出てきますが、3000mscのトレーニングは確立されていない所が難しいと思います。

3000mSC（障害）に取り組んでいる中学・高校生へ、身体能力やメンタル面の強化に関するアドバイス

ー中高生の時期は成長期ですので、関節への負担は大きくケガへのリスクが高まります。ロードよりも柔らかい路面や不整地を積極的に走る事を勧めます。

　どの競技にも共通することですが、継続する事が最も大事なことだと思います。特に中高生の年齢の頃には、日ごろから何でもよいので決めた事を毎日続けるという習慣が大切かと思います。勝敗がはっきりする競技ですので、うまく行かないことの方が多くなると思います。そんな中でも立ち止まったり、止めずに走り続ける選手が生き残っていると思います。

中長距離の年代別記録

－各年代別の好記録をチェック、自分の目標を設定しよう－

800m 走

日本記録		国内高校生記録		国内中学生記録	
男子	女子	男子	女子	男子	女子
1分45秒75 (2014年)	2分00秒45 (2005年)	1分48秒08 (2014年)	2分04秒00 (2000年)	1分52秒42 (2016年)	2分07秒19 (2013年)

1500m 走

日本記録		国内高校生記録		国内中学生記録	
男子	女子	男子	女子	男子	女子
3分37秒42 (2004年)	4分07秒86 (2006年)	3分38秒49 (1999年)	4分07秒86 (2006年)	3分53秒69 (2016年)	4分19秒46 (2010年)

3000m 走

日本記録		国内高校生記録		国内中学生記録	
男子	女子	男子	女子	男子	女子
7分40秒09 (2014年)	8分44秒40 (2002年)	7分59秒18 (2016年)	8分52秒33 ※ (2005年)	8分19秒14 (2016年)	9分10秒18 ※ (1993年)

5000m 走

日本記録		国内高校生記録		国内中学生記録	
男子	女子	男子	女子	男子	女子
13分08秒40 (2015年)	14分53秒22 (2005年)	13分39秒87 (2004年)	15分22秒68 ※ (1999年)	14分38秒99 ※ (2011年)	16分22秒0 ※ (1989年)

3000m 障害

日本記録		国内高校生記録		国内中学生記録	
男子	女子	男子	女子	男子	女子
8分18秒93 (2003年)	9分33秒93 (2008年)	8分44秒77 (1989年)	10分08秒92 ※ (2016年)	－	－

※各記録は2017年時点のもの

中長距離の
フォーム作り

PART 2

効率の良いフォームを身につける

ランニングフォームに「完成型」はない

ランナーにとって「正しいランニングフォーム」とは、「自分にとって最も効率良く走れるフォーム」である。ただ走るだけなら、わざわざ教わらなくてもできる。しかし、**より速いスピードを生み出し、長く維持するためには、無駄な動作やバランスの崩れを徹底的に削ぎ落した効率の良いフォームを**身につけなければならないし、それを支える筋力や心肺機能、柔軟性といった身体能力を向上させる努力も必要だ。

フォームに完成型はない。まずは効率の良いフォームの基礎を理解し、練習で実践するだけでなく、普段の生活の中でも意識付けして、フォームの改良を進めていこう。

POINT ❶ 種目の距離でフォームを変える必要はない

陸上トラック種目では、距離の長短の違いによってランナーとして高めるべき各能力（スピードやスタミナなど）のバランスを調整する必要はある。ベースとなるランニングフォームやピッチなどは、個々の適性に合ったものを探す。

POINT ❷ 立ち姿勢や歩行動作がランニングフォームの土台

効率の良いフォームを身につけるための出発点となるのが、立っているときや歩いているときの姿勢を見直してみることだ。猫背になっていたり、バランスが崩れたりしていると、走ったときにはそれがさらに大きくなり、スピードやスタミナのロスにつながってしまう。

練習前や日常生活でこまめに姿勢を正すことを習慣づけよう。

POINT ❸ 実践トレーニングの反復でフォームを定着させる

効率の良いランニングフォームは、すぐには身につかない。練習でポイントを意識するように心がけ、それを日々繰り返して積み重ねることで徐々に体に覚えさせる。練習での集中力の高さと地道な努力を継続する根気強さこそが、ランナーとしての成長へと導く大きなカギとなる。

+1 プラスワンアドバイス

障害種目の選手は障害越えの技術も磨く

3000m障害のレースでは、脚力だけでなく、障害をできるだけスムーズに通過するテクニックも求められる。基本のランニングフォームの習得や体力の強化に加え、障害越えの練習にも取り組むようにしよう。

正しい立ち姿勢をつくる

左右の肩を結ぶラインが
地面と水平になっている。

CHECK POINT!
1 「白樺のポーズ」で正しい姿勢をつくる
2 骨盤が立つことで背骨のラインが整う

体の軸がセンターにあり、
左右の脚に体重が均等にのっている。

両肩の後ろ側とお尻を結ぶラインが
壁と平行になっている。

体のバランスと重心の位置を整える

人間の体は、ただ立っているときにも無意識のうちに筋肉や骨格を使って姿勢をつくり、維持している。このとき、重心の位置が前後左右のどこかに偏っていたり、いわゆる猫背の状態になっていたりすると、筋肉や関節などにかかる負担が増して、立ち続けるうちに疲れを早く感じたり、さらにバランスの悪い姿勢になってしまう。

ランニングは立って行われる動作であるため、立ち姿勢が崩れていれば、当然ランニングフォームにも悪影響を及ぼすことになる。練習を始める前や普段の生活で自分の立ち姿勢をチェックすることを習慣化して、体のバランスと重心の位置を整えよう。

　①直立の状態から、左右の足のつま先だけ体の外側に向け、背すじを伸ばし、お尻の筋肉に力を入れる。両腕を目の前にある木の幹を抱えるイメージで体の前方に伸ばす（指先が胸の正面にくる）。

　②左右の足のかかとですばやく軸回転してつま先を正面に向ける。この動作で骨盤が起立し、重心の位置も高くなり、正しい姿勢をつくることができる。

※白樺のポーズでは骨盤を起立させることで、適正な背骨のラインをつくることができる。

POINT ❷ 骨盤が立つことで
背骨のラインが整う

　背骨のラインは歩行や走行による地面からの衝撃を吸収する役割を担っている。骨盤が傾いていると、骨盤から連なる背骨のラインの曲がりが過度に大きくなり、衝撃吸収による上体の余分な上下動や、地面から受ける反発力を弱めることにつながってしまう。

+1 プラスワンアドバイス

猫背は骨盤の後傾
足腰の負担が増す

骨盤が傾いていると立ち姿勢で猫背になる。背中が丸まり、頭が前に出ることで首や腰にかかる負担が増し、重心が下がることでランニングフォームにも悪影響が出る。イスに浅く腰かける人に多いので注意しよう。

重心移動とテンポを意識して歩く

全身の力を連動させて前進する

　歩く動作も走る動作も、体を前方に移動させるという点では同じである。ゆっくり歩く場合は脚だけを動かせばよいが、速く歩こうとすれば、脚のピッチ（1歩にかける時間）を上げるために、腕を振って上半身の力も使わなくてはならないし、ストライド（1歩の歩幅）を広げるために、脚の筋力もより多く発揮させ

る必要がある。そして、その延長線上に走行動作があるのだ。

　速足で歩いたときに、すでにバランスやテンポが乱れているようでは、全力で走ったときの乱れはさらに大きくなる。**ランニングフォームの原型である歩き方をしっかりチェックし、修正することが大切**だ。

CHECK POINT!	1 つま先とヒザを常に正面に向ける
	2 重心の位置を高く保つ
	3 極端なかかと接地をしない

POINT ① つま先とヒザを常に正面に向ける

脚を踏み出すときに左右の足のつま先やヒザが外側に向かない。

POINT ② 重心の位置を高く保つ

歩く速度を上げても、体の中心軸と重心の位置を保つことを意識して歩き続けよう。

POINT ③ 極端なかかと接地をしない

足が接地するとき、つま先が上を向くような極端なかかと接地をすると動作にブレーキがかかってスムーズな重心移動が行えず、脚の筋肉や足首への負担が増えてしまう。ランニングフォームにも影響するので注意しよう。

フォームからムダな動きを省く

CHECK POINT!
1 ピッチとストライドを意識して走る
2 正しい脚の運びと接地を理解する
3 肩を振らないようヒジを引く

自分の体をコントロールして走る

　ランナーとしてのレベルを決めるランニングのスピードとスタミナは、**体の筋力や柔軟性、心肺機能の高さが大きく影響するが、ランニングフォームの効率が悪ければ、それらを十分に生かしきることはできない。**フォームの効率化とは、ムダな動作を省くこと。人間の体には、身長や骨格、筋肉量な

どによる体格差があり、それに見合うベストなランニングフォームも変わってくるが、どのランナーにも共通する基本的なポイントがある。練習でただがむしゃらに走るのではなく、まずはポイントを意識して自分の体をコントロールしながら走り、徐々に体に覚え込ませていこう。

POINT ❶ ピッチとストライドを意識して走る

ランニングのスピードは、ピッチ（1歩にかかる時間）とストライド（1歩の歩幅）の2つの要素によって決定される。ストライドを広げてもスピードは上がるが、意識しすぎることでフォームの崩れにつながる。まずはピッチを速めることを目標とし、スムーズな脚の動きを追求しよう。

POINT ❷ 正しい脚の運びと接地を理解する

前方に振り出した足が地面に着いてから離れるまでの間のフォームがポイント。振り出した足が接地する寸前に後ろ脚をすばやく振り出し、足の接地時に左右のヒザが重なり合う形になると、体重移動の時間が短くなり、地面からの反発力も受けられるため、スピードを出しやすくなる。

POINT ❸ 肩を振らないようヒジを引く

脚と腕の動きは連動し、腕を後ろに振ったときの肩甲骨やその周辺の筋肉の動きが大きくなれば、反対側の肩や骨盤が自然に大きく前に出る。ただし、無理に強く振ろうとすると、肩が力んでかえって振れなくなる。肩を動かさず、ヒジを後ろに引くことを意識してみよう。

+1 プラスワンアドバイス

走る前の「動きづくり」をルーチンワークにする

効率の良いフォームの意識づけとしてぜひ取り組んでほしいのが、走る前の「動きづくり」のエクササイズだ。ランニングで動かす筋肉や骨盤、関節をほぐしたり、適度な刺激を入れたりすることができる。P38〜の練習を行おう。

トップ選手の走りから理想のフォームをイメージ

極端なカカト接地に
ならない

脚の接地時は
左右のヒザが
重なる

ヒジを後ろに引き、
腕を振る

最近ではインターネットを通じて国内外の一流選手のレース映像を観ることができるようになった。そのまま真似すればよいわけではないが、美しい姿勢やスムーズな脚の運びなどは参考になることが多い。トラックでの自分の走りをチームメイトに撮影してもらい、一流選手との違いを探してみることも有効だ。

ピッチとストライドを
意識して走る

足の接地時間を短くする

CHECK POINT!
1 後ろにある脚をすばやく振り出す
2 前足部かフラットで接地する
3 ストライドを無理に広げない

着地の負担を減らして体の上下動をなくす

効率の良いランニングフォームを身につける上で、大きなポイントとなるのが足が接地した時の姿勢だ。**理想は、接地した足が骨盤の真下にきたとき、後方から振り出した脚のヒザがぴったり重なるようになること。**こうすることで足の接地時間が短くなり、体への衝撃を減らすことができる。

着地脚のヒザがあまり曲がらずに済むので、エネルギーをロスするムダな動き＝腰の落ち込みも少なくなり、重心をスムーズに前方へ移動させることができる。また、足を離すときに地面からの反発力をしっかり受けられるようにもなるため、スピード能力の向上も期待できる。

POINT ❶ 後ろにある脚を すばやく振り出す

一流選手の走りを見ると、後ろにある脚がすばやく前方へ振り出されていることがわかる。前に振り出された足が着地しようとする瞬間に、後ろ脚をすばやく前に振り出し、足裏が接地したときに両脚のヒザが重なり合う形を目指そう。

POINT ❷ 前足部かフラットで 接地する

一般的に、ランニング速度が上がるほど、足の前側で接地するようになる。また、接地衝撃が高まり故障にもつながりやすい。トラック種目の中長距離ランナーは、前足部での接地か、足裏全体で接地するフラット着地が合理的と言える。

POINT ❸ ストライドを 無理に広げない

レースでラストスパートをかけるとき、ストライド（1歩の歩幅）を広げる選手がいるが、その分ピッチ（1歩にかかる時間）が遅くなってしまうため、スピードは自分で思っているほど上がらない。フォームを変えず、ピッチを速くすることに集中しよう。

+1 プラスワンアドバイス

腕の振りを速くして スパートをかける

レース終盤のラストスパートは、一度上げたスピードをゴールラインの通過まで維持することが大切だ。苦しいときはヒジを後ろに強く引いて腕の振りを少し大きくすると、重くなった脚が前に出やすくなる。

脚の内回しで骨盤周辺をストレッチ

始める前に、白樺のポーズ（P29）で姿勢を
リセットしてからスタート

片脚のヒザを体の真横に向けて大きく振り上
げる

POINT

軸足のかかとが地面から離れる
くらい、脚を大きく振り上げる

ヒザが腰よりも高い位置まで上がったら、そ
のまま脚を前方に移動させてから着地する

POINT

正しい姿勢を意識しながら行
い、接地するときにはヒザと足
のつま先を正面に向ける

続けて反対の脚で行い、左右交互に 10 〜
15 回ずつ繰り返して前進する

もも上げで尻の筋肉に刺激を入れる

始める前に、白樺のポーズ（P29）で姿勢を
リセットしてから、足を踏み込む

片脚の太ももをできるだけ高い位置まで大き
く振り上げる

POINT

軸足のかかとが地面から離れる
くらい、脚を大きく振り上げる

POINT

元の姿勢を崩さず、ヒザと足の
つま先を常に正面に向ける

続けて反対の脚で行い、左右交互に 10 ～
15 回ずつ繰り返して前進する

もも上げで尻・太もも裏側の筋肉に刺激を入れる

始める前に、白樺のポーズ（P29）で姿勢を
リセットする

片脚の太ももをできるだけ高い位置まで大き
く振り上げる

POINT

軸足のかかとが地面から離れる
くらい、脚を大きく振り上げる

振り上げた脚を前方に向かって強く蹴り出す

POINT

正しい姿勢を意識しながら行
い、接地するときにはヒザと足
のつま先を正面に向ける

続けて反対の脚で行い、左右交互に 10 ～
15 回ずつ繰り返して前進する

もも上げで接地時の重心を意識する

始める前に、白樺のポーズ（P29）で姿勢を
リセットする

片脚の太ももを腰の高さまですばやく振り上
げる

脚を下ろして足裏全体で接地（フラット接地）

POINT

接地した足に体重がしっかりのり、重心が
まっすぐに保たれていることを確認しなが
ら行う

POINT

接地時に「タン」と音
がするくらい地面を足
裏でたたく

続けて反対の脚で行い、左右交互に 10 〜
15 回ずつ繰り返して前進する

POINT

元の姿勢を崩さず、ヒザと足の
つま先を常に正面に向ける

ギャロップで接地から蹴り出しまで意識する

始める前に、白樺のポーズ（P29）で姿勢を
リセットし、両足で地面を強く蹴ってジャンプ

動きのテンポを一定にし、片脚を前方に振り
上げる（ヒザが軽く曲がる程度）

POINT

接地した足に体重がしっかりの
り、重心がまっすぐに保たれて
いることを確認しながら行う

POINT

接地時に「タン」と音がするく
らい地面を強くたたく

両足で同時に着地する

上半身は元の姿勢を崩さず、ヒザと足のつま
先を常に正面に向ける。続けてジャンプし、
反対の脚を前方に振り上げる。左右交互に
10～15回ずつ繰り返して前進する

ランジウォークで下半身をストレッチ

始める前に、白樺のポーズ（P29）で姿勢を
リセットし、片脚を大きく前に踏み込む。

POINT

腰を落としたときに前の脚のヒ
ザが90度になる

逆側の脚のヒザを腰の高さまで振り上げてか
ら大きく前に踏み出す

POINT

ヒザと足のつま先を常に正面に
向ける

足裏全体で接地し、そこから後ろ脚のヒザが
地面スレスレの位置にくるまで腰を落とす

POINT

接地した足に体重
がしっかりのり、
重心がまっすぐに
保たれていること
を確認しながら行
う

左右交互に5〜10回ずつ繰り返して前進する

速度をなるべく落とさずジャンプする

CHECK POINT!
1 踏み切り位置に合わせて間合いを調整
2 体の軸を保ち脚を振り上げる
3 踏み切りの勢いで障害の上に乗る

どちらの足でも跳べるようにする

障害の越え方には、ハードルに足をかける方法と足をかけずに跳び越える方法があるが、**高校生の場合、接地の衝撃が小さく、安全に越えることができる足をかけて越える方法が勧められている。**

障害と水濠はトラック上におよそ80mという広い間隔で置かれているので、どち らか片方の足で踏み切ろうと決めてしまうと、障害の直前で距離感を合わせるためのムダな動作が生じたり、踏切位置が近すぎたり遠くなりすぎたりして、スピードダウンにつながりやすい。できるだけペースを落とさずに障害を越えていくために、左右両方の足で踏み切れるように練習しておこう。

POINT ① 踏み切り位置に合わせて間合いを調整

障害に近づいたら視線を踏み切り位置に合わせ、直前の一歩で間合いを調整する。踏み切る位置が近すぎても遠すぎても、障害に近すぎる位置に着地してしまう。意識しなくても常に適正な位置で踏み切れるようになるまで何度も練習しよう。

POINT ② 体の軸を保ち脚を振り上げる

足裏で地面を蹴って踏み切り、同時に視線を障害の上に移す。踏み切ったときに体の軸が横ブレするとスピードの減少につながる。体の軸をまっすぐ保ちながら、なるべく頭を低くして障害に向かって脚を前方へすばやく振り上げよう。

POINT ③ 踏み切りの勢いで障害の上に乗る

踏み切りの勢いを利用して流れるように障害を越えていく。障害の上に乗るというよりは、体のバランスを保つ程度に足を添えるイメージだ。障害を足裏で蹴って遠くに跳ぶ必要もない。進む距離を稼ぐよりも体力をムダに使わないほうが大切。

+1 プラスワンアドバイス

スピードを落とさず足裏全体で着地する

障害の上を通過したら、すぐに視線を着地点に置き、足裏全体でしっかり着地する。スピードをあまり落とさずに障害をスムーズに越えられると、着地衝撃もだいぶ小さくなり、速やかに元のランニングフォームに戻って走れるようになる。

水濠障害では、なるべく水深の浅い所へ着地する

シューズのメンテナンス

ランニングシューズは毎日手入れしよう

ソールに付いた異物や汚れを取り除く

　ランニングシューズは競技で使用する唯一の道具であり、共に戦うパートナーでもある。カカトを踏むなどは厳禁。手入れを怠り性能を維持できないと、練習やレースでのパフォーマンスも十分発揮できなくなる。ランナーとしての成長を支えるボディケアの延長として、ランニングシューズの手入れをぜひ毎日行ってほしい。習慣化できれば、本来の性能を長持ちさせるだけでなく、競技での集中力や冷静さを養うことにもつながる。

　表面に付いた汚れはふきんやブラシで丁寧に落とす。靴底部のアウトソールの溝に入り込んだ小石などの異物も必ず取り除いておこう。靴紐（シューレース）を締めたままの状態で履いたり脱いだりすると、ベストなフィット感を保てなくなり、足に余計な負担がかかってしまう。結び目を解くだけでなく、紐を手前から 2 ～ 3 個の穴から外し、次に履くときに通し直してフィット感を調整するようにしよう。

中長距離の
レースでの
駆け引き

PART
3

レースの流れを理解する

CHECK POINT!
1 競技ルールに応じたスタートラインにつく
2 レーンを左回りに走行する
3 不正スタートは失格の対象となる

レース展開は常に変化する可能性がある

　陸上競技の中長距離走のレースは、短距離走やハードル走種目のようにセパレートレーンに縛られず、**レース中に位置取りを自由に変えて走行できるので、他の選手との駆け引きが行われるのが特徴だ**（ただし、800m走ではスタートから120mまではセパレートレーンで走る）。選手は皆、自分にとってのベストの位置取りを確保し

たいので、時には激しいポジション争いも起こる。

　また、選手のタイプや天候などの諸条件によって、レース展開は常に変化する可能性を持っている。自分の実力を発揮するためには、レース展開を事前に予想して戦術を立てておくこと、レース中の変化にもしっかり対応していくことが大切だ。

POINT ❶ 競技ルールに応じた スタートラインにつく

スタートはスタンディングスタートで行われる。選手はスターターの「On your marks（位置について）」の合図でスタートラインに近づき、静止する。セパレートレーンでスタートする場合は割り当てられたレーン内に立ち、1000m以上の競技でレースに12人以上が出場する場合は、インとアウトの2つのスターティングラインに分かれる。

POINT ❷ レーンを左回りに 走行する

レースは左回りで、レーンナンバーは左側から1レーン、2レーン…となる。800m走ではブレイクラインまでのレーン走行が義務付けられている。1000m以上の競技では、ブレイクラインに達したところで、内側のグループの走路に合流できる。

POINT ❸ 不正スタートは 失格の対象となる

どのレースも不正スタート（フライング）は失格の対象となる。レース中、他の選手をヒジで突いたり、走行を妨害したりすると失格となる。800m走でブレイクラインを過ぎる前に内側のレーンの入った場合は失格となるが、他の選手から妨害されて、それを避けるためにレーン外に出た場合は失格とならない。

+1 プラスワンアドバイス

信号機の発射音を聞くまでは スタート動作を行わない

不正スタートは各レース1回のみとされ、その後に再び不正スタートがあると、その選手自身は1回目の不正スタートであっても失格となる。ただし、日本陸上競技連盟が主催・共催する競技会では、1回目から失格となる。

800m 走のポイントと戦術

ラストのスピード勝負を制する

CHECK POINT!
1 スピードとスタミナの両方を強化する
2 1周目は2周目よりやや速いペースが理想
3 ブレイクラインの前から他の選手の位置を把握する

集団内の位置取りを重視する

　トラックを2周する800m走は、他の種目と比べて距離が短いので、レース中のランニング速度は非常に速くなる。よほどの実力差がない限り、集団でレースが展開されるため、集団のどこに位置するかがレース結果に大きく影響する。特に重要なのは、ラスト200〜300mでの位置取り（ポジショニング）だ。

　好記録を出すためには、ペースをなるべく安定させ、2周目のタイムを1周目の2〜4秒落ちに留めるのが理想だ。**勝敗は、ラストスパートのスピード勝負で決するケースが多い。勝つためには、スパートをかけるタイミングが重要だ。**

POINT ① スピードとスタミナの両方を強化する

800m走のランナーには、短距離走者のスプリント能力と、長距離走者の持久力の両方を融合させた能力が求められる。トレーニングでは、4割が持久力、3割がスピード持久力、3割がスピードを高めるメニューでプランを立てるようにしたい。また、レースでの駆け引きを知るため、模擬レースにも積極的に取り組んでおきたい。

POINT ② 1周目は2周目よりやや速いペースが理想

好記録が出るときは、1周目がある程度速いペースになっていることが多い。激しいペースの上げ下げが行われることもあるが、惑わされずに安定したペースでレースを進めるようにしたい。そのためにも、自分の今のランニング速度がトラック1周では何秒になるのかがつかめるように、トレーニングでペース感覚を磨いておこう。

POINT ③ ブレイクラインの前から他の選手の位置を把握する

レース結果を大きく左右する位置取りは、オープンレーンになったところから始まるが、良い位置をとるためには、セパレートレーンを走っているときから他のランナーの位置を確認しておく必要がある。スタートが外側のレーンの場合は他の選手が見えづらいが、第2コーナーの途中で様子をうかがうようにしよう。

+1 プラスワンアドバイス

ブレイクラインまでは自分のレーン内を走る

スタートから120mまでのセパレートレーンを走っているとき、自分のレーンよりも内側のレーンに出てしまうと失格になる。外側のレーンに出た場合は、そのレーンの選手の妨害とならなければ失格にはならない。

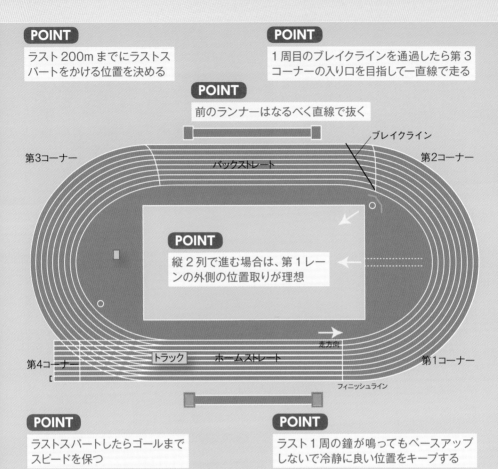

POINT
ラスト200mまでにラストス
パートをかける位置を決める

POINT
1周目のブレイクラインを通過したら第3
コーナーの入り口を目指して一直線で走る

POINT
前のランナーはなるべく直線で抜く

ブレイクライン

第3コーナー

バックストレート

第2コーナー

POINT
縦2列で進む場合は、第1レー
ンの外側の位置取りが理想

第4コーナー

トラック

ホームストレート

走方向

第1コーナー

フィニッシュライン

POINT
ラストスパートしたらゴールまで
スピードを保つ

POINT
ラスト1周の鐘が鳴ってもペースアップ
しないで冷静に良い位置をキープする

CHECK POINT!
4 第3コーナーを目指して直線を走る
5 前の選手をストレートで抜く
6 ラストスパートのタイミングを決める

POINT ④ オープンレーンに入ったら 第3コーナー入口を目指して直線で走る

　スタートして1周目のブレイクラインを通過したら、第3コーナーの入口に向かって直線的に走る。勝負を意識するなら、200m地点までに先頭から2〜4番手の位置につけておきたい。

　縦2列でレースが進む場合は、ポケット（自分の四方の選手にブロックされる形）されないように、第1レーンの外側のポジショ

ンが理想的だ。集団のペースが遅いときには外に出れるし、ペースが上がったときも速やかな対応が可能になる。第1レーンの外側に位置しても、距離のロスは1周にしてわずか1.6mほど。外側を走るマイナスよりも、集団のペースの変化に柔軟に対応できたり、自分のペースを守って冷静に走れたりする利点のほうが大きいのだ。

POINT ❺ 前の選手を抜くときは コーナーではなくストレートで抜く

　ブレイクラインを通過すると、選手同士がそれぞれ自分の得意とするレース展開に持ち込むために必死で位置取りを行う。

　集団が少しばらけてきて前のランナーを抜こうとするとき、コーナーで抜くと、外側に膨らんで距離的に大きく損をしてしまう。ペースが多少遅いと感じてもコーナーで抜くのはやめて、なるべくストレートで抜くようにする。ただし、コーナーで前のランナーがスタミナ切れなどで急に失速して近づいてきた場合は、その選手の外側をすり抜けるようにして追い抜く。レース中盤でのペースアップは、ラストスパートでの余力を残すために1回にとどめておこう。

POINT ❻ 自分の余力を考えて ラストスパートのタイミングを決める

　残り300〜200mのところで、自分の体にはどれくらいのスタミナが残っているのかを考え、ここからならゴールするまで持つだろうというタイミングでラストスパートをかける。残り150〜100mからが目安になるが、余裕があるなら残り200mからラストスパートしてもOK。他のランナーたちとの競り合いの状況が続いている場合は、余力を残す意味でも、最後のコーナーで集団の内側2番手に位置しておくのが理想的だ。

　ラストスパートをかけるときは、ストライドを広げるのではなく、ピッチを上げることを意識する。腕の振り疲れからアゴが上がったり上体が反りすぎるとスピードは思うように上がらない。

+1 プラスワンアドバイス

先頭に立つメリットとデメリット

　レースで先頭に立つか立たないかは、ランナーとしてのタイプやその日の調子、グラウンドコンディションなどさまざまな要因で決める。先頭ランナーのデメリットとしては、風の抵抗をまともに受けることと、後ろにいるランナーからの精神的なプレッシャーがかかることが挙げられる。しかし、先頭に立つと周りのペースや駆け引きに惑わされず自分のペースで走れるというメリットもある。1人で走りきれると自信にもなり、走れなかった場合は自分の力の現状把握にもなる。

イーブンペースでレースを進める

CHECK POINT!

1 スピードとスタミナの両方を強化する
2 集団内の急激なペース変化に巻き込まれないようにする
3 なるべく余力を残して後半に入り、ラストスパートで勝負する

序盤のポジション争いでの接触に注意

1500m 走では、イーブンペースでレースが進んだときに好記録が出やすくなる。**他のランナーの勢いに惑わされて前半から無理なペースで突っ込まず、冷静にあらかじめ立てた目標のペースでレースを進めることが大切だ。**

1500m 走は一つのレースに出場する人数が 800m 走よりも多く、スタートからオープンレーンで走るため、ランナー同士の接触が起こりやすいのでアクシデントに巻き込まれないようにしよう。集団内での理想的な位置取りは、800m と同じく前方近くの外側。先頭の選手を視野に置くことがポイントだ。

POINT ① スピードとスタミナの両方を強化する

　800m走同様、1500m走者にも短距離走者のスプリント能力と長距離走者の持久力の両方の高さが求められる。トレーニングでは、6割が持久力、3割がスピード持久力、1割がスピードを高めるメニューでプランを立てるようにしたい。また、レースでの駆け引きを知るため、模擬レースにも積極的に取り組んでおきたい。

POINT ② 集団内の急激なペース変化に巻き込まれないようにする

　実際のレースでは集団内でペースの上げ下げが生じることが多い。あまり敏感に反応すると、スタミナを余分に消耗して、ラスト勝負ができなくなる。特に前半は急激なペース変化を避け、落ち着いて自分のペースを守って走ること。そのためにも、第1レーン外側の位置取りが大切だ。

POINT ③ なるべく余力を残して後半に入り、ラストスパートで勝負する

　勝つためには、前半から集団内の好位置（2〜4番手の外側が理想）につけてキープし、残り200〜100mからのラストスパート勝負に持ち込むのが基本パターンとなる。できるだけ余力を残して、残り1周を迎えるようにしたい。

+1 プラスワンアドバイス

実際のレースを観察して展開のパターンを学ぶ

　1500m走は、選手同士の駆け引きやグラウンドコンディションなどによるレース展開の違いが記録や成績を大きく左右する種目とされる。競技会などで多くのレースを見て、成功や失敗のパターンを学んでおくことも必要だ。

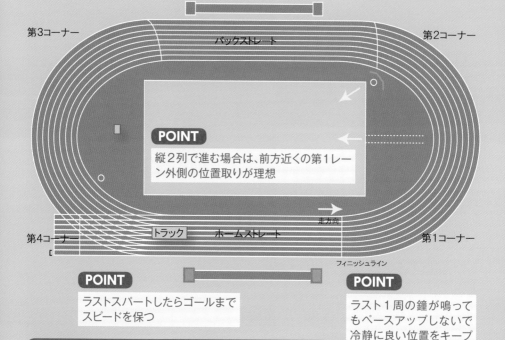

POINT
ラスト200mまでに
ラストスパートをか
ける位置を決める

POINT
前のランナーはなるべく直線で抜く

第3コーナー　　　　　　　　　　バックストレート　　　　　　　　第2コーナー

POINT
縦2列で進む場合は、前方近くの第1レーン外側の位置取りが理想

走方向

第4コーナー　　　トラック　　　ホームストレート　　　　　　　　第1コーナー

フィニッシュライン

POINT
ラストスパートしたらゴールまで
スピードを保つ

POINT
ラスト1周の鐘が鳴って
もペースアップしないで
冷静に良い位置をキープ
する

CHECK POINT!
4 最適なポジションを想定する
5 ムダなペースの上げ下げやレーン移動をしない
6 後半に入っても先頭を視野に置いて好位置をキープする
7 ラストスパートでは腕振りを大きくしてピッチを上げる

POINT ④ 最適なポジションを あらかじめ想定しておく

　スタート直後は、多くのランナーが密集した状態で走ることになり、少しでも良い位置を取ろうとして選手同士のヒジや脚などがぶつかり合うことがよく起こる。周囲のランナーの位置や動きを確認しながら無理なポジションを避けて走り、接触による転倒を防ぐことがまずは大切だ。

　特に外側スタートのランナーは強引に内側のレーンに寄ろうとしないこと。あらかじめ最適なポジションを想定しておくと、余計な進路変更をしなくて済む。

　レースの序盤から前方にポジショニングを取りたいのであれば、躊躇なくスタートダッシュをかける。

エネルギー消耗につながる
ペースの上げ下げやレーン移動をしない

　前半から集団の先頭付近に位置することが有利だが、位置取りにこだわりすぎてひんぱんにペースを上げ下げしたり、ポジションを移動したりするのは非効率で、体のエネルギーを無駄に消耗してしまう。

　多くのレースは周回ごとにペースが落ちる展開となるので、前半から理想の位置取りができなかったとしてもあわてずに、冷静にペースを守って走り続けよう。ただし、スローペースの場合、内側レーン後方に位置すると上位をうかがうチャンスをなかなか作れないことがある。あきらかなス

ローペースだと判断したら、早めに外側レーンに出て、直線でややペースアップして前のランナーを追い抜いて上位に進出する。

レース後半に入っても
位置をキープして余力を残す

　レース後半に入ってもまだ余力を残して相手の出方をうかがおう。位置取りは前方が望ましい。内側はかぶされる可能性も多いため、必ずしもベストポジションとは言えない。第1レーンの外側のほうがかえってペース変化に対応しやすい。

　ラスト1周の鐘が鳴るあたりからレースが大きく動き始めることが多いが、ここから飛び出しても、最後に失速してしまいやすい。先頭を視野に入れながら好位置をキープすることに徹し、先頭集団からあまり離れずについていくのが理想だ。

自分の余力からラストスパートを
かけるタイミングを考える

　残り300〜200mのところで、自分の体にはどれくらいのスタミナが残っているのかを考え、ここからならゴールするまで持つだろうというタイミングでラストスパートをかける。残り150〜100mからが基本で、余裕があるなら残り200mからラストスパートしてもOK。他のランナーたちとの競り合いの状況が続いている場合は、余力を残す意味でも、最後のコーナーで集団の内側2番手に位置しておくのが理想的だ。

　ラストスパートをかけるときは、ストラ

イドを広げるのではなく、ピッチを上げることを意識する。腕の振り疲れからアゴが上がったり上体が反りすぎるとスピードは思うように上がらない。

レース前半のオーバーペースを避ける

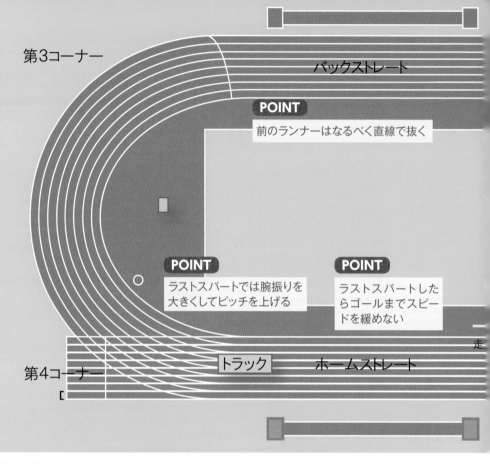

第3コーナー

バックストレート

POINT
前のランナーはなるべく直線で抜く

POINT
ラストスパートでは腕振りを
大きくしてピッチを上げる

POINT
ラストスパートした
らゴールまでスピー
ドを緩めない

走

第4コーナー

トラック

ホームストレート

ペース感覚をトレーニングで磨く

3000 mを1000mごとに序盤・中盤・終盤と分けて考えることが、トレーニングでの強化や競技会での戦術の目安となる。

大切なのはペース感覚をしっかり磨いておくこと。イーブンペースでのレースが理想となるが、まずはレース前半でのスピードの出しすぎを防ぐ。

中盤は、勝負どころではないので、無理にペースアップせず、周囲の状況を把握しながら冷静にレースを進めよう。

後半のタイムの落ち込みをなるべく少なくしてラストスパートまで十分な余力を残しておくことが大切だ。

CHECK POINT!

1 イーブンペースを目標にする
2 周囲のペース変化に惑わされない
3 中盤1000mのペースダウンを抑える

第2コーナー

POINT

ラスト1周の鐘が鳴ってもペースアップしないで冷静に良い位置をキープする

第1コーナー

ィニッシュライン

POINT ① イーブンペースに近づくようにスタミナを強化する

　3000m走者には、持久力の高さに加え、ラストスパートでのスプリント能力の高さが求められる。トレーニングでは、7割が持久力、2割がスピード持久力、1割がスピードを高めるメニューでプランを立てるようにしたい。また、駅伝やロードレース大会に積極的に参加するのもよい。

POINT ② 他のランナーのペースに惑わされない

　好記録を出すためには　スタート～序盤でのオーバーペースは絶対に避けなければならない。接触によるアクシデントに注意しつつ、ペースを守って走ることが大切だ。最初の1周が予定より速かったり遅かったりした場合は、一気にペースを変えるのではなく、1000mの予定通過タイムと比較して、徐々に調整する。

POINT ③ 中盤1000mのタイムを序盤の5秒落ち以内に抑える

　中盤1000m（1000～2000m地点）のラップタイムを、最初の1000mのタイムから5秒以内に抑えるのが理想。4周（1600m）を過ぎたあたりから疲労でペースを落とす選手が出始めるが、上位に入るためにも、この距離で後れをとらないこと。

+1 プラスワンアドバイス

自分のタイプによってスパートのタイミングを決める

ラストスパートは、残り150～100mからが目安。スパートに自信があるなら、第3コーナー入口あたりからかけてもいい。競り合いの場合は、相手の息遣いやフォームの乱れなどをしっかり観察して、スパートのタイミングを計る。

ラスト1000mからが本当の勝負

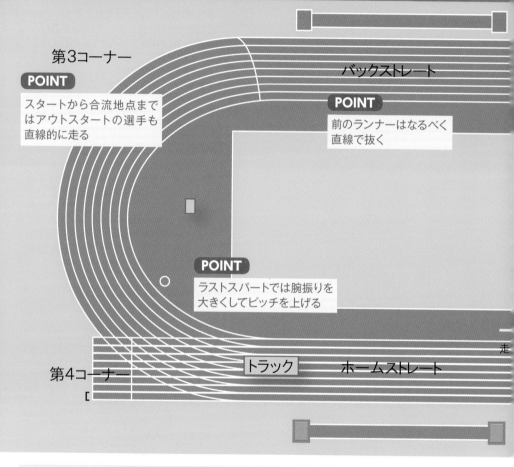

第3コーナー

POINT
スタートから合流地点まで
はアウトスタートの選手も
直線的に走る

バックストレート

POINT
前のランナーはなるべく
直線で抜く

POINT
ラストスパートでは腕振りを
大きくしてピッチを上げる

トラック

ホームストレート

走

第4コーナー

[

3000〜4000mでペースが落ちる

5000m走では、序盤から中盤まではペースの上げ下げの影響が少なく、安定したペースでレースを進めることができる集団の真ん中か、やや前方にポジションをとるのが理想だ。

しかし、距離が長いので800mや1500mのように集団内での位置取りにそれほど神経質になる必要はない。

3000〜4000m付近でペースが落ちるレースが多いが、ラスト1000m、600m、400mあたりでスパートの仕掛け合いがはじまる。ラストスパートで中距離ランナーのようなスピードを発揮できるように中盤までは落ち着いてレースを進めたい。

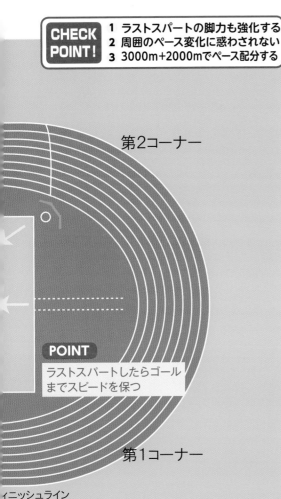

第2コーナー

POINT

ラストスパートしたらゴールまでスピードを保つ

第1コーナー

ィニッシュライン

POINT 1 ラストスパートのためのスピードも強化する

5000m走者には、持久力の高さに加え、ラストスパートで力を発揮するための中距離走的なスプリント能力が求められる。トレーニングでは、5割が持久力、3割がスピード持久力、2割がスピードを高めるメニューでプランを立てるようにしたい。また、駅伝やロードレース大会に積極的に参加するのもよい。

POINT 2 周囲のペースの上げ下げに過敏に反応しない

5000m走でも、中距離走と同様にイーブンペースで走ると好記録が出やすい。レース中盤までは、できれば真ん中より少し前に位置しておきたいが、たとえ集団の後ろになっても集団のペースが落ちた時などを利用して前のほうに上がればいい。冷静に走ることを心がけよう。レースの後半では、先頭が視野に入る2~5番手が理想的だ。

POINT 3 3000m+2000mと捉えペース配分を考える

5000m走では、3000mを過ぎたあたりからペースダウンするランナーが多い。ここで後れをとらないことが、自己記録を更新するためのカギとなる。3000~4000mで粘れるようなペース配分を考えよう。また、インターバルトレーニングなどで心肺機能や筋力を向上させ、3000m過ぎに疲労でペースダウンしないスタミナの土台を作っておきたい。

+1 プラスワンアドバイス

持久力に自信があれば積極的にレースを引っ張る

レースではスローペースならスピードのある選手が有利、ハイペースならスタミナがある選手が有利となる。勝ちを狙うなら、レースの序盤から先頭に立ち集団のペースをコントロールするのも一つの手だ。

POINT 4 あわてずにスタートして レースの流れに乗る

参加選手が多いレースでは内外に分かれての2段スタートになることもある。

最初の200mだけ急激にペースを上げて、そのあと急激にペースを落とすのは、そのときは影響がなくても後半に疲れとなってペースダウンになる。

3000m走のレースと同じように、最初の1周（400m）の通過タイムをどう受け止めるかが重要になる。目標のゴールタイムから最初の400mの通過タイムを予測して、そのタイム差から走りを調整する。ただし、急激なペースアップやペースダウンは体力を無駄に消耗してしまう。1000mあたりまでに目標ペースに戻ればいいと心がけて、あせらず徐々に調整しよう。

POINT 5 目標ペースどおりに 走ることを最優先する

上位を狙うレースでは、常に先頭ランナーの様子が視野に入るようにして、序盤から集団の先頭付近に位置するのが理想だ。順位よりも自己記録にこだわる場合は、まずはレースの流れが自分の目標にあったペースなのかどうかを確認することが大切。

3000mを過ぎたあたりから疲労でペースを落とす選手が出始めるので、そこまでは、近くにいるランナーのペースの上げ下げに惑わされず、自分が立てた目標ペースどおりに走ることを最優先しよう。

POINT 6 3000mからが勝負の始まり 相手の様子をチェックする

3000mを過ぎてからが本当の勝負の始まりとなる。この段階で必ず集団の前方に位置取りしておきたい。5000m走のレースの上位争いでは、ラスト1000m（4000～5000m）が、直前の1000m（3000～4000m）よりもペースアップする展開がほとんどだ。

終盤150～100mのラストスパート勝負でのスピードに自信がない選手は、ラスト400mからのロングスパートをかけるのも一つの手だ。逆に自信がある場合は、ライバルの出方を確認しつつ、できるだけ仕掛けるタイミングを遅らせて余力を残しておく。

POINT 7 勝つという強い意志を持って 最後までスピードを緩めない

ラストスパートをかけるタイミングに来たら、腕振りを大きくして足のピッチを上げてペースアップする。どのタイミングで仕掛けるにせよ、自分にも相手にもペースが上がったとはっきりわかるくらいのスピードの切り替えが必要だ。

スパートをかけたらゴールラインを通過するまでは、絶対にスピードを緩めない。日頃のトレーニングでもラストスパートでのスピード維持には徹底してこだわり、スピード持久力をしっかり磨いておこう。

目標ペースを守り
ラストスパートをかける

PART 3

コツ 17

3000m 障害のポイントと戦術

ハードリング・テクニックを磨く

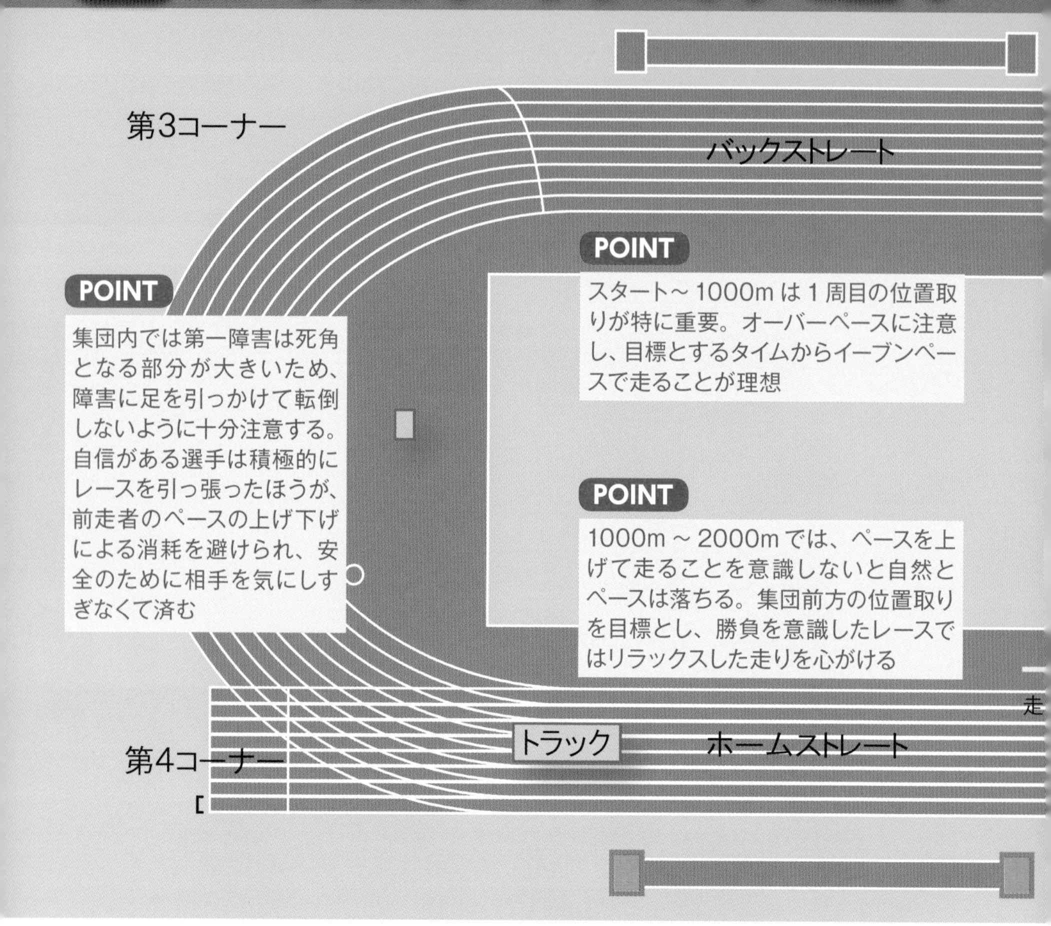

POINT

集団内では第一障害は死角となる部分が大きいため、障害に足を引っかけて転倒しないように十分注意する。自信がある選手は積極的にレースを引っ張ったほうが、前走者のペースの上げ下げによる消耗を避けられ、安全のために相手を気にしすぎなくて済む

POINT

スタート～1000m は 1 周目の位置取りが特に重要。オーバーペースに注意し、目標とするタイムからイーブンペースで走ることが理想

POINT

1000m ～ 2000m では、ペースを上げて走ることを意識しないと自然とペースは落ちる。集団前方の位置取りを目標とし、勝負を意識したレースではリラックスした走りを心がける

レースに出場して距離感をつかむ

3000m 障害ではある程度のスピードをキープしなければ障害を越えることはできない。疲労しきった足を障害に引っかけて転倒してしまうこともある。**長い距離を走りきる能力を高めつつ、ハードルをスムーズに跳び越す技術力も磨いていくことが、記録の向上には不可欠である。**

経験によって周囲のランナーとの適切な距離感を習得するために、何度かレースに出場して走り方と跳び方のコツを徐々につかんでいくのが近道だ。ただし、ひざや腰といった関節部への負荷の強い種目であるため、成長期である中高生の年代には注意が必要である。

POINT 1 1500〜5000m走の練習で基礎走力を高める

　1500〜5000m走の練習を基本に3000mのタイムの向上を目指し、基礎走力を養う。障害を容易に跳べるジャンプ力や柔軟性、着地衝撃を受けても体勢が崩れない全身の筋力やバランス力など総合的に鍛えることがレベルアップにつながる。スピードを強化するインターバル走や起伏に富んだクロスカントリーにも積極的に取り組む。

POINT 2 他のランナーの位置を確認し接触による転倒を防ぐ

　スタート後しばらくは集団の人数が多いため、障害越えでの接触や転倒が起きやすい。他のランナーを視野に入れ、慎重にレースを進めよう。障害の半数以上がコーナーにあるため、位置取りは内側レーンが有利だが、混雑した中で障害物を越える場合は、外側レーンのほうが安全だ。状況を見て判断しよう。

POINT 3 重心の低い跳び方でエネルギーロスを防ぐ

　障害を越える際はなるべく重心を低くしたい。高く跳ぶとそれだけエネルギーが必要でロスが大きくなり、減速の原因にもなる。また、着地時の衝撃も大きくなり、疲労がたまりやすい。ただし、過度に重心を低くすると、リード足を高く上げる必要があり、足を引っかけてしまうリスクが高まるので注意しよう。

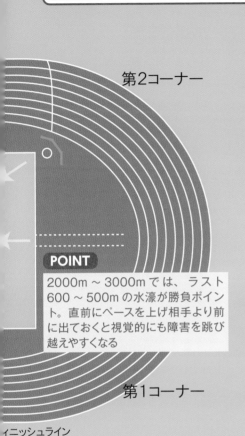

第2コーナー

POINT

2000m 〜 3000m では、ラスト 600 〜 500m の水濠が勝負ポイント。直前にペースを上げ相手より前に出ておくと視覚的にも障害を跳び越えやすくなる

第1コーナー

ィニッシュライン

+1 プラスワンアドバイス

補強運動にも積極的に取り組んで体幹を鍛える

3000m障害では、筋力の向上を図ることも重要だ。補強運動にも積極的に取り組み、特に体幹を鍛えておくようにしたい。また、着地でケガをしないように足首周りのストレッチも十分に行うようにしよう。

持久力強化の一環として行う

イーブンベースを目標に走る

　トラック種目の中で最も長い距離となる 10000m 走は、体力とトレーニング量が多く必要となるため、高校生などが経験する機会は少ない。しかし、大学駅伝など進学後の競技活動を見据えている選手や、5000m 走のランナーには、持久力の強化や経験を積んでおく意味で 10000m 走は有効なトレーニング方法の一つとなる。

　レース展開はイーブンペースが基本。スタート直後から自分のペースで走ることを心がけ、集団のペースの上げ下げに敏感に反応しないことが大切。レース前半からスピードの上げ下げを繰り返すと、後半失速しやすい。その後の大きなペースダウンにつながりやすい 7000m 前後を乗り切るために、落ち着いてレース前半を進めるようにしたい。ペース感覚をしっかり磨いておき、1000m ごとの目標タイムを決めてからレースに臨むようにしよう。

中長距離の
トレーニング

PART 4

トレーニングの極意
トレーニングの原則を知りレベルアップする

基本原則を生かしてトレーニングしよう

　競技力を高めるための実践的なトレーニングのやり方を説明する前に、トレーニングに取り組むうえで、ぜひ覚えておきたい基本原則を紹介しよう。**すべてのトレーニングメニューは、この基本原則をもとにして構成され、それに沿って実行することで、より効率の良い身体能力の向上や精神面**の強化をサポートしてくれる。また、ランナーとしての伸び悩みや壁を感じたときに、この基本原則をあらためて見直し、トレーニングの内容を変更するなど足りない点を補うことで、それらを解消するきっかけにもなる。しっかりと理解し、日々のトレーニングに生かしていこう。

トレーニングの基本6原則

意識性　トレーニングに集中する

体はしっかり意識をしていなければ、うまく働いてくれない。トレーニングを行うときに意識をその運動に集中させることで、技術の習得や能力の向上につながりやすくなる。

反復性　繰り返し行って体で覚える

ランニングのフォームやペース感覚、障害の越え方など、技術の習得や能力の向上は、トレーニングでそれを何度も反復して行うことで、初めて実現する。頭で理解し、体で覚えよう。

全面性　変化を持たせてバランスよく鍛える

中長距離走ランナーとして必要な持久力、スピード、筋力、柔軟性などすべての能力をバランスよく鍛えることが大切。偏ったトレーニングにならないように注意しよう。

継続性　トレーニングを継続させる

どんなに優れたトレーニングも、短期間だけ実施しても大きな効果は得られない。継続は力なり。また、トレーニングの継続を妨げる故障や疲労蓄積を未然に防ぐケアも大切だ。

漸進性　能力の向上に合わせて負荷を徐々に高める

容易にこなせる負荷のトレーニングを継続して行っても、それ以上の効果は期待できない。能力の向上に合わせて、設定タイムや距離、本数を変更するなどして、少しずつ負荷を上げていこう。

個別性　自分に合わせてアレンジする

体力やタイプが異なるランナーが同じトレーニングだけをしていては、得られる効果にバラつきが出る。自分の特性やコンディションに合うように、トレーニングの量や強度をアレンジする必要がある。

軽い走りで筋温をあげる

CHECK POINT!
1 常に正しいフォームを意識しながら一定のペースで走る
2 気温の低い日は少し長めの距離を走り、体を十分温める
3 ジョグの後は快調走を入れる

すべてのトレーニングの基本

　会話ができるくらいの速度で走るジョグ（ジョギング）は、**筋温を適度に高め、その後に行われる負荷の高いトレーニングやレースに対するウォーミングアップ、体を冷やさないためのつなぎのメニューに位置づけられる。**すべてのトレーニングの基本となるものだが、ただリラックスして走ればよいというわけではない。変な癖がついてしまわないように、正しいフォー

ムやペースを守って走ることを常に意識することが大切だ。

　中高生の場合、ジョグのペースは4〜5分/kmが目安だが、コンディションや目的によって微調整する必要がある。ジョグの後は100〜150m程度の快調走（流し）を入れよう。力まずに走る快調走は、心肺機能向上やスピードアップにもつながるトレーニング法の一つだ。

自分にあったペースで走る

1 「少しきつい」と感じるペースで走る
2 「少しきつい」ペースが楽に感じられるようになったら設定ペースを上げる
3 気温が高い日はペースを落とすなど気候に合わせてペースを微調整する

一定のペースを守って走り続ける

ペースランニングとは、ある一定のペースを保ちながら、比較的長い距離を走るトレーニング方法だ。校庭やトラックのある競技場、公園など、距離が確認できる周回コースで、自分に合ったペースで行う。

自分が「少しきつい」と感じるペースで、5000～12000mを最後まで走りきれた場合は、そのペース設定が適正だったと考えられる。途中でペースを維持できなく

なった場合は、後日、ペースを落として再度行い、最適なペースを探してみよう。さらに、距離を伸ばして走っても楽に感じられるようになったら、次回は設定ペースを上げて行う。ただし、気温が高い日などは、少しペースを落とす必要がある。日によってペース設定を微調整しながら、設定ペースを守って走り、ペース感覚を磨くようにしよう。

種目に適したインターバルをとる

CHECK POINT!
1 自分の種目に適したインターバルで行う
2 急走期のタイム設定は、レースペースか3000m走のベストタイムのペースが目安
3 つなぎのジョグでもフォームやペースを守って走る

代表的なスピードトレーニング

「速く走る（急走期）」と「ゆっくり走る（緩走期／つなぎジョグ）」を繰り返すインターバルトレーニングは、運動強度が高く、スピードやスタミナを強化することができる。**一般的には、200〜600m程度の急走期で行うものをショートインターバル、1000m以上の急走期で行うものをロングインターバルと呼び、どちらも、中長距離走の全種目の選手にとって大切なト**レーニングである。

よく行われるのは、ショートインターバルが「400m×10本・つなぎ200m」、ロングインターバルが「1000m×5〜7本・つなぎ400〜600m」など。距離に変化をつけてもよい。急走期のタイム設定は、自分の種目の目標レースペースや3000m走のベストタイムのペースなどが目安となる。同じ設定タイムで繰り返すのが基本だ。

長い距離をしっかり走る

CHECK POINT!
1 余裕のあるペースを守って15〜20km走り続ける
2 硬い舗装道路など脚に負担のかかりやすいコースは避ける
3 シーズンオフの練習に取り入れると良い

心肺機能を鍛えて持久力を高める

　距離走は、余裕のあるペース（ジョグペースもしくはペースランニングよりも少し遅いペース）を保ちながら長い距離を走り続けるトレーニングで、LSD（Long Slow Distance の略）トレーニングとも呼ばれる。距離設定は、年齢や体力レベルにもよるが、15 〜 20km が目安となる。

　心肺機能など持久力の強化を目的とする距離走は、10000m 以上の長距離走のランナーのためのトレーニングとして重視されるが、中距離種目や 5000m 走のランナーも積極的に取り組んでおきたい。距離走はどこでも行うことができるが、硬い舗装道路やデコボコや小石に足をとられやすい道、アップダウンの激しいコースは、故障が起きやすい問題があるので避けておく。シーズンオフの練習に取り入れると良いだろう。

ランと休息を繰り返す

CHECK POINT!
1 目標とする種目より短い距離を走る
2 レースペースもしくはより速いペースで走る
3 リカバリーは完全休息をはさみ、回復を促す

ペースの速いランニングを繰り返す

レペティショントレーニングとは、自分が目標とする種目よりも短い距離を、**目標とするレースペースか、もしくはより速いペースで走り、完全休息をはさみながら繰り返すトレーニングであり、800m、1500m、3000m、5000m、3000m障害の選手に有効なトレーニング方法だ。**より実戦に近いトレーニングであり、筋力の強化や回復力の向上が期待できる。

距離と本数の目標設定は「400m×3～5本」「600m×4～5本」「1500m×3～5本」など、つなぎのリカバリー（休息時間）は10～15分が目安（タイムが速い場合は長くとる）。走った後すぐに立ち止まったり座り込んだりせず、ゆっくり歩いて呼吸を整えてからにする。その後は完全休息にあてるが、体への負担が大きいので、週1～2回までの頻度にする。

目標タイムを設定して走る

1 種目と同じか、やや短い距離をレースの目標タイムで走る
2 400mや1000mごとの目標ペースを設定し、なるべくイーブンペースを保つ
3 レースシーズンに実施する場合は、レースの2週間前までに行う

1本に集中して実力を出し切る

タイムトライアルは、自分の種目のレースと同じ距離か、もしくはやや短い距離を設定し、**レースの目標タイムで走る、最も実戦的な総合トレーニングであり、現在の自分の実力を知るためにも重要なトレーニングとなる**。できるだけイーブンペースを保ちながら自分の持てる力を出し切り、ベストタイムを目指すようにしよう。部やチーム内で同じレベルのランナーが揃っている場合は、一緒にタイムトライアルを行うと、一人で行うよりもレースペースを維持しやすくなる。

実際のレースで最高のパフォーマンスを発揮するためにも、強化期には積極的に取り組んでおきたいが、体への負担が大きいので、レースシーズンに行う際はレースの2週間前までにして、疲労を残さないようにすること。

トレーニングの「質」にこだわる

CHECK POINT !
1 練習前後に行うストレッチング
2 パーツごとに鍛える補強運動（ボディ・エクササイズ）
3 実践力を養う種目別トレーニング

集中力を最後まで保って取り組む

　ここからは中長距離で速く走るための体づくりの練習方法を紹介する。**各メニューの目的をしっかりと理解し、スピード感覚やフォームのバランスなどに十分気を配って取り組むことで、トレーニングの「質」を向上させることが重要だ。**そのためには、トレーニングの開始から終了まで、高い集中力を保ち続けなければならない。強度の高いメニューや疲労感が増してくると、集中力が下がりがちになるが、そこで踏ん張り、再度気持ちを引き締めて一本一本にのぞみ、最後までしっかりやりきることが、身体能力のアップにつながるし、レース本番での自信にもなるのだ。

POINT ① 練習前後に行う ストレッチング

練習前のストレッチングは筋温を高め、筋肉や関節の動きを円滑にする効果がある。練習後に行えば疲労回復の促進も期待できる。ストレッチングは自然な呼吸でゆっくり行い、働きかけている部位を頭の中で意識することが大切。練習前後にそれぞれ10〜20分間行うことを習慣づけよう。

POINT ② パーツごとに鍛える 補強運動（ボディ・エクササイズ）

補強運動はその名の通り、身体能力の補強を目的としたエクササイズだ。競技の実践練習だけでは鍛えにくい部位を集中的に動かすことで、筋力や可動域、反応速度を向上させ、また、競技中に負荷が多くかかる部位を強化することで疲労感の軽減やケガの予防にもつながる。

POINT ③ 実戦力を養う 種目別トレーニング

競技力を高めるための実践的なトレーニング。筋力や心肺機能、ペース感覚といった身体能力の向上はもちろん、レース中の戦術やランニングフォームの改善といった技術的要素の習得・向上も目的となる。

+1 プラスワンアドバイス

鏡の前でフォームや 動作をチェック

補強運動は、大きな鏡など自分の姿が見える場所で行うと、体の各部位の角度や姿勢が正しいかどうか、左右の動きに差がないかどうかをチェックすることができる。目標回数をただこなすのではなく、正しいフォームで行える回数を徐々に増やしていくことが大切だ。

お尻と太ももの筋肉をほぐす

両腕を正面に向けて伸ばし、
両手を組む。

上半身と軸足のつま先は
常に正面に向ける。

腰をしっかり落とす

　片脚立ちから斜め後方に脚をゆっくり伸ばしてつま先で着地し、ヒザが地面すれすれの位置にくるまで腰をしっかり落とす。そこから脚を戻してそのまま体の逆側の真横に向かって移動させ、着地して腰を落とす。この動きを連続して5〜7回行い、軸足を替えて同じ回数を行う。上半身がねじれたり傾いたりしないように注意。

+1	プラスワンアドバイス

お尻の筋肉で体重を
支えてふらつきを防ぐ

腰を落とすときには、臀部の筋肉に力を入れて体重を支えるように意識すると、体勢が崩れにくくなる。

体幹と太もも裏側の筋肉を伸ばす

背すじとヒザは曲げずに
まっすぐ伸ばす。

視線を指先に向ける。

踏み出す脚を左右交互に替えて
計 10 回行う。

背すじをまっすぐに保つ

　脚を前に大きく踏み出し、逆側の手を地面に着く。もう一方の腕のヒジを地面すれすれまで近づけ、上半身をねじりながら腕を真上に向かって伸ばす。一度静止した後、腕を戻して両手を地面に着き、お尻を後方に引くようにして前側の脚の太もも裏側の筋肉(ハムストリングス)を伸ばす。元の姿勢に戻り、脚を替えて行う。

+1 プラスワンアドバイス

腕を回し上げるときに
体幹の筋肉を伸ばす

腕を真上に伸ばす動作では、お尻から腰、背中、腹、胸までの各筋肉に刺激が加わっていることを意識する。

ストレッチ＋体幹トレーニング

1 背すじを伸ばし、体の軸をまっすぐに保つ。

2

3

4

5 ヒザをなるべく曲げずに腰を持ち上げる。

6 ヒザをなるべく曲げずに足の位置を移動させると、太もも裏側の筋肉がしっかり伸びる。

肩周辺と太もも裏側を伸ばす

　腕立て伏せの姿勢から、左右の腕を交互に地面から離して前方にまっすぐ伸ばす。次にお尻を斜め上にゆっくり引き上げて肩周辺の筋肉をほぐす。姿勢を戻し、左右の手の位置を徐々に前方に移動させ、体を支えていられるぎりぎりの位置まで来たら、今度は左右の足を徐々に手の位置に近づけ、太もも裏側の筋肉を伸ばす。

+1 プラスワンアドバイス

手のひらを地面から離さずに足を近づける

後半のエクササイズでは、筋力だけでなく関節の柔軟性や可動域の向上にも役立つ。積極的に取り組もう。

太ももの筋肉を伸ばす

お尻の筋肉に力を入れると、
太もも前側の筋肉が伸びやすくなる。

逆側の腕を前方にまっすぐ伸ばし、
バランスをとる。

ヒザや骨盤の向きに注意する

　片脚立ちで両手をヒザに当てて胸側にゆっくり引き寄せ、お尻や太もも裏側の筋肉を伸ばす。次にヒザを体の後ろに送り、足首を手でつかむ。そこから上体をゆっくり倒し、太ももの前側の筋肉を伸ばす。このとき、ヒザが体の外側に出たり、骨盤が傾いたりしないように注意する。軸足を1回ごとに替えて左右5回ずつ行う。

+1　プラスワンアドバイス

真横から見てT字に
なるのが理想形

体幹や軸足の筋力、股関節の柔軟性が弱いと、T字になるまでに体がふらついてバランスが保てなくなる。

背中・肩・胸の筋肉をほぐす

1 頭・首・背骨・骨盤を結ぶラインでカーブを描くように上体を丸める。

2 ヒジが離れない限界の高さまで上げる。目の高さが理想。

3

4 ヒジを下ろすときに肩も下ろし、いったん脱力する。

ヒジで大きな円を描く

　背中を丸めた姿勢から、左右の手とヒジを体の真ん中でくっつける。そこから上体をゆっくり起こしながらヒジを顔の高さまで上げ、肩周辺や背中の筋肉（広背筋）を伸ばす。次に背すじを伸ばしながらヒジを外側に開いて胸の筋肉を伸ばし、ヒジを下げて最初の姿勢に戻る。ヒジで大きな円を描くイメージで10回繰り返す。

+1 プラスワンアドバイス

広背筋が強くなると腕振りがスムーズになる

広背筋が弱く可動域が狭いとヒジは高く上がらない。ランニング動作の腕振りにも悪影響が出てしまう。

コツ **28**

中長距離・補強運動①

ヒザをツイストさせる

1

ヒザはつま先よりも前に出てOK。

チューブをつけてツイスト

　チューブをヒザの位置に当て、腰を落としてスクワットの姿勢をとる。スタンスは肩幅より少し広くとり、両手は腰に置き、左右のつま先は正面に向ける。一方の足を固定したまま、逆側の脚のヒザを内外交互にゆっくり移動させる。お尻や左右の脚の外側の筋肉が刺激されていることを意識する。動かす脚を替えて各10回行う。

+1 プラスワンアドバイス

**軸足と足裏を固定して
ヒザを最大限動かす**

ヒザの動きにつられて。左右の足裏が地面から浮いたり、軸足が動いたりしないように注意する。

尻や脚の外側を鍛える

スクワットウォーク（サイド）

ヒザはつま先よりも
前に出て OK。

脚の動きに合わせて腕も振る。

なるべく歩幅を広げる。

チューブをつけて横に歩く

　チューブをヒザの位置に当て、腰を落として
スクワットの姿勢をとる。つま先は正面に向け、
スタンスは肩幅より少し広く。頭の高さやつま
先の向きを変えないように注意しながら、サイ
ドステップの要領で真横に移動する。お尻や左
右の脚の外側の筋肉が刺激されていることを意
識する。10メートルほどの距離を1往復する。

+1 プラスワンアドバイス

**腰の高さを変えずに
移動し続ける**

きつくなってくると
腰の位置が高くな
りやすい。最初の
スクワットの姿勢
を最後まで維持し
よう。

尻や太モモを鍛える

スクワットウォーク（フロント＆バック）

ヒザはつま先よりも
前に出てOK。

脚の動きに合わせて
腕も振る。

チューブをつけて前後に歩く

　チューブをヒザの位置に当て、腰を落として
スクワットの姿勢をとる。つま先は正面に向け、
スタンスは肩幅より少し広く。頭の高さやスタ
ンスが変わらないように注意しながら、正面
に向かって前進。10メートル進んだら今度は
後退して1往復する。お尻や左右の太ももの
筋肉が刺激されていることを意識する。

+1 プラスワンアドバイス

**上半身が浮き上がらない
ように注意する**

きつくなってくると
上半身が浮き上が
ったり、ヒザが内側
に入りやすくする。
鏡などで姿勢をチ
ェックしよう。

骨盤を動かさず移動する

スティックウォーク

体の軸をまっすぐに
保ちながら歩く。

チューブをつけて前後に歩く

　チューブをヒザの位置に当て、肩幅より少し広いスタンスをとる。両腕を真上に伸ばして両手を組む。スタンスやつま先の向きを変えないように注意しながら、正面に向かって前進。10メートル進んだら今度は後退して1往復する。お尻や左右の太ももの筋肉が刺激されていることを意識する。

+1 プラスワンアドバイス

骨盤を回転させずに前進・後退する

上半身や骨盤が左右に回転するとお尻や太ももに負荷がかからない。腰から上を固定する意識を持とう。

片脚立ちから腰を落とす

片脚スクワット

両腕を前方に伸ばして
バランスをとる。

軸足の足首・ヒザ・股関節を
なるべく一直線に保つ。

チューブをつけて片脚で立つ

　チューブをヒザの位置に当て、片脚立ちにな
る。浮かせた脚を体の外側に開き、お尻の筋
肉に力が入っている状態で腰を落とし、スクワ
ットを行う。お尻や軸足の太ももの筋肉が刺
激されていることを意識する。浮かせている脚
が体の内側に入ると体がふらつきやすくなるの
で注意。軸足を替えて左右各5〜7回行う。

+1 プラスワンアドバイス

姿勢が安定する
位置を探す

バランスを保つう
えでポイントとな
るのが浮かせた脚
の位置だ。最も安
定する位置を探そ
う。

片脚立ちから腰を落とす

スラップスクワット①

両腕を真上に伸ばす。

腕を振り下ろす勢いで
軸足がほんの少し浮く。

上半身をなるべくぶらさずに
ピタッと止める。

お尻と太ももの筋力を強化する

　一方の脚を前側に浮かせて片脚立ちになり、両腕を頭上に伸ばす。上げた左右の腕を勢いよく振り下ろしながら股関節を前方に倒し、片脚スクワットの姿勢に移行して静止する。腕の振り下ろしに合わせて、軸足が一瞬だけ地面から離れ、足裏で地面を強く叩くイメージで着地する。軸足を替えて左右各 5 〜 7 回行う。

+1 プラスワンアドバイス

お尻に重心を置いて
姿勢を安定させる

ステップ後に体がふらついてしまう人は重心の位置が崩れている。軸足側のお尻の筋肉を意識してみよう。

片脚ジャンプから腰を落とす

中長距離・補強運動⑦

スラップスクワット②

2回目のジャンプの着地で片脚スクワットの姿勢に移行する。

着地したらバランスをキープする

　一方の脚を前側に浮かせて片脚立ちになり、両腕を頭上に伸ばす。そのまま2回連続で真上にジャンプし、2回目の着地の際に両腕を振り下ろしながら骨盤を前方に倒し、片脚スクワットの姿勢に移行して、そのまま静止する。2回目の着地では、足裏で地面を強く叩くイメージで着地する。左右5回ずつ行う。

+1 プラスワンアドバイス

軸脚の足首・ヒザ・股関節を一直線に

着地時にヒザが外を向くと重心の軸が傾いてバランスを保ちにくい。足首と股関節を結ぶライン上に置くこと。

片脚ジャンプで横に移動する

サイドジャンプスクワット

逆脚で着地し、そのまま
スクワットの姿勢に
移行する。

2回目のジャンプで
真横に移動する。

ジャンプ後はスクワットを入れる

　一方の脚を前側に浮かせて片脚立ちになり、両腕を頭上に伸ばす。そのまま2回連続で真上にジャンプし、2回目の着地の際に真横に体を移動させながら両腕を振り下ろし、逆脚で着地してスクワットの姿勢をとる。いったん静止してから同じ流れで元の位置に戻って片脚スクワットを行う。左右5回ずつが目安。

+1 プラスワンアドバイス

ジャンプの高さや着地点を一定に揃えよう

サイドジャンプの高さや着地点が常に一定になるように意識することで、バランス感覚も磨かれる。

ジャンプとスクワットを繰り返す

ジャンプターンスクワット

ジャンプに回転を入れて一周する

　片脚スクワットの姿勢になり、両腕を背中側に伸ばす。両腕を勢いよく振り上げながらジャンプし、同時に体を軸足側に90度回転させる。着地したら再び片脚スクワットの姿勢をとっていったん静止。ジャンプを4回繰り返して1周したら、今度は軸足を替えて行う。着地点がなるべくずれないように意識する。左右3周ずつ行う。

+1 プラスワンアドバイス

逆側の脚でも着地してみる

ジャンプした後に逆側の足で着地する、逆脚着地も行おう。ジャンプの方法は同様で、着地脚だけが変わる。

中長距離・補強運動⑩

体の軸をまっすぐ保つ

ブレストローリング

ヒジを肩の真下に置く。

腰の位置が下がらないように注意。

足を地面から離さない。

体幹の筋力を強化する

　左右のつま先とヒジの 4 点で体を支えた状態から、片方のヒジを地面から離してゆっくり上半身を 90 度回転させて、肩のラインが地面と垂直になる姿勢をとる。腕や体幹の筋肉に力を入れて体の軸をまっすぐに保つことを意識する。いったん静止してからゆっくり元の姿勢に戻る。左右交互に各 5 回が目安。

+1 プラスワンアドバイス

体の中心に1本の軸があるとイメージする

頭から股の下までを貫く1本の棒があり、それを軸回転させるイメージで行うとフォームが崩れにくくなる。

体をキープしながら脚を上げる

ブレストローリング＋脚上げ

体の中心線をはさんで
左右対称の形になる。

脚を上げて負荷をアップする

　前ページののブレストロールの動きに開脚運動を加える。上半身の回転に合わせて脚を頭よりも高い位置に持ち上げ、いったん静止してからゆっくり元の姿勢に戻る。腕や体幹の筋肉に力を入れて体の軸をまっすぐに保ち、左右対称の形にすることを意識する。左右交互に各5回行う。

+1 プラスワンアドバイス

**腰の位置が下がらないように
体幹の筋肉に力を入れる**

脚の持ち上げに気をとられると腰の位置がさがりやすくなる。腹筋や背筋、お尻に力を入れることを意識しよう。

ダンベルを持ち体を起こす

ダンベルリフトアップ

股を開いて開脚し、
下半身を固定する。

上半身とダンベルを持つ腕が
地面と垂直になる。

腕と体幹の筋力を強化する

　片手にダンベルを持って仰向けに寝て、左右の手が肩の真上に来るように腕をまっすぐ伸ばす。腹筋の力を使って上体をゆっくり起こしながら、ヒジを曲げずにダンベルをさらに高い位置まで持ち上げていく。逆の腕は体との角度を保つ。いったん静止してからゆっくり元の姿勢に戻る。左右各10回が目安。

+1 プラスワンアドバイス

仰向けに戻るときも
腹筋に力を入れる

仰向けに戻るときは、ビデオの逆コマ送りのようにゆっくりと倒す。姿勢を戻すところまでがエクササイズだ。

ダンベルを持ち片ヒザで立つ

1 ターキッシュゲットアップ

逆側の腕と脚は
体の外側に伸ばす。

2

ダンベルを持つ
腕が地面と垂直になる。

3

4

動作中は体の軸をキープする

　仰向けに寝て、ダンベルを持つ腕を肩の真上に置き、同じ側の脚のヒザを立てる。腹筋の力を使って上体をゆっくり起こし、さらにお尻を持ち上げてから脚を体の内側に入れ、片ヒザ立ちの姿勢になるように上半身を起こす。ダンベルを持つ腕はできるだけ傾けないこと。逆順の動作で元の姿勢に戻る。左右各5回が目安。

+1 プラスワンアドバイス

スムーズに起き上がれる
ヒザの位置を確認する

片ヒザ立ちへの移行でポイントとなるのがヒザを着くポジションだ。まずはダンベルなしで位置を確認しよう。

ストレッチポールの上で脚を上げる

両腕を体の真上に伸ばす。

レッグ＆アームリフト

背骨のラインをストレッチポールの
中心に合わせる。

体幹を安定させ、片側の腕と脚だけを
同時に上下動させる。

体幹と脚の筋力を強化する

　ストレッチポールの上に仰向けに寝て、片脚
のヒザを立てて、両腕を体の真上に向かってま
っすぐ伸ばす。逆側の脚をまっすぐ伸ばしたまま
できるだけ高く持ち上げ、同じ側の腕と同じテ
ンポで、床面に着かないすれすれのところまで
ゆっくりと上下動させる。左右各5〜10回行う。
左右での動きや感覚の違いをチェックする。

+1 プラスワンアドバイス

難易度を徐々に上げる

うまくできない人は、まずは両手を腹の上に
置いて脚の上下動だけ行うものから始め、次
に両腕を浮かせて脚だ
けを上げ下げする、とい
うように段階的に難易
度を上げていくとよい。

ポールの上でツイストしながら脚を上げる

ツイストクランチ

できるだけ高い位置でタッチする。

地面に着いている足と手で
バランスをとる。

脚上げからツイストで負荷をアップ

　ストレッチポールの上に仰向けに寝て、両手と
両足を床面に着ける。一方の脚とその逆側の腕
を同時にゆっくりと持ち上げ、5秒ほどかけて手
のひらで脚のすねや足にタッチし、5秒ほどかけ
てゆっくりと床面まで下ろす。持ち上げる脚のヒ
ザはなるべく曲げず、できるだけ高い位置でタッ
チする。上げる脚を毎回替えて計10回行う。

+1 プラスワンアドバイス

足にタッチできるのが理想

腕を持ち上げると
きは脇腹をねじり
ながら上半身も一
緒に起こし、できる
だけ足に近い位置
にタッチしよう。

上半身を固定して脚を引き寄せる

ヒップリフトアップ

体の軸がまっすぐになる姿勢をとる。

お尻の位置をできるだけ高くする。

体幹と脚の筋力を強化する

　うつ伏せに寝た状態から、太ももが重なるように脚を前後に開き、すねの側面をストレッチポールの上にのせる。両ヒジを立てて体を床面から浮かせ、体幹や脚の筋肉に力を入れてお尻をゆっくりと持ち上げる。ストレッチポールから足が外れるぎりぎりのところまで来たら、ゆっくりと元の姿勢まで戻る。脚の向きを替えて各5〜10回行う。

+1 プラスワンアドバイス

脇を締めて腹筋を
しっかり働かせる

このエクササイズのポイントは脇をしっかり締めておくことだ。ヒジが外側に開かないように注意しよう。

腕立て伏せから手足首にタッチ

1 タッチ&プッシュアップ

2 両肩の位置を固定したまま片腕だけを動かす。

3 脚のヒザをなるべく曲げずにタッチする。

4 ヒジを深く曲げて床面すれすれまで体を近づける。

全身の筋力を強化する

腕立て伏せの姿勢から、まず右手で左の手首にタッチ、次に左手で右の手首にタッチ、右手で左の足首にタッチ、左手で右の足首にタッチと続き、最後に腕立て伏せ1回の流れを繰り返す。スピードにこだわらず、テンポよく進めることを意識しよう。10～15回が目安。

+1 プラスワンアドバイス

姿勢やフォームを乱さずにできる回数を徐々に増やす

回数を重ねてきつくなってくると。腕立て伏せの姿勢で腰の位置が高くなりやすい。最後まで集中しよう。

対となる手足を同時に動かす

ベアウォーク

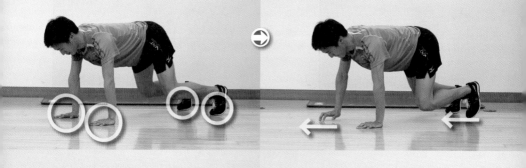

背中のラインをまっすぐに保つ。

四つ這いで前進・後退する

　両手と両足のつま先で体を支える四つ這いの姿勢をとり、腹筋と背筋に力を入れて背すじをまっすぐに伸ばす。その姿勢を保ちながら10mくらいの距離を前進・後退で1往復する。手足の動きにつられて肩や骨盤が左右に傾いたり、背中や肩周辺が丸まったりしないように注意する。

+1 プラスワンアドバイス

**対になっている
手と足を同時に動かす**

「右手と左足」を同時に空中に浮かせて、次に「左手と右足」を同様に動かしていく。

パフォーマンスを
発揮するための
コンディショニング

PART
5

コツ
35

コンディショニングを習慣づける

疲労回復を促し、ケガを予防する

　コンディショニングとは、わかりやすく言えば心身の調子を整えることだ。より具体的な表現をするのなら「大会当日やトレーニング時に自分の持てる能力を100％発揮するために日頃の体調管理を怠らないこと」である。実際、レベルの高いランナーほど、コンディショニングに対する強い意識を持っているものだ。

　コンディショニングのポイントは、運動、栄養、休養という3つの要素のバランスをうまく保つことだ。どれか一つでも欠けてしまえば、コンディショニングは成り立たない。レベルアップをめざすランナーなら、食事や睡眠もトレーニングの一環と考えて、"走るための体"を作り上げる糧としてほしい。まず正しい基礎知識と方法を覚え、それを長期に渡って継続して実践することが重要だ。また、自分により適した方法をつかむために、日々のコンディショニング内容をノートなどに記録するのもよい。

プランニング

目標の実現に至るまでの間に、どのようなコンディショニングが必要なのかを考え、その計画を立てる。

栄　養
(食事＋補食・水分補給)

CHECK POINT!
1 バランスとタイミングを重視して体質強化につなげる
2 積極的なボディケアで疲労を翌日まで残さない

運　動
（トレーニング）

POINT ① バランスとタイミングを重視して
体質強化につなげる

　食事で補給される栄養は、練習やレースで最後までバテずに走りきるための重要な「エネルギー源」であると同時に、強い体を作り上げるための「材料」でもある。

　その2つを考慮して、朝昼晩の3食を基本にトレーニングやレースの直前、途中、直後と、体にとって最も効果的なタイミングで、質・量ともにバランスのとれた栄養補給を実施することが必要だ。

レベルアップ

- **筋力・心肺機能の向上**
- **ケガの予防**
- **レース当日までの体調管理（ピーキング）**

休　養
（睡眠・ボディケア）

POINT ② 積極的なボディケアで
疲労を翌日まで残さない

　ランナーにとって休養は、ランニングによる疲労から体を速やかに回復させて、再びしっかり走れる体に戻すための大切な期間。練習やレースを終えた後に、何のボディケアも行わなかったり、十分な睡眠をとらずに翌日のトレーニングを行うのは、体にとっては大きなマイナスだ。

　トレーニングと休養のバランスがうまくとれていないと、筋力や持久力はなかなか向上しない。頑張りすぎ、練習日の間隔の空きすぎのどちらも良い結果が出ないということを念頭に置きながら練習プランを立てよう。

食習慣を見直し、栄養バランスを整える

糖質 CARBOHYDRATE

生命活動を支えるエネルギー源

生命維持や運動に必要なエネルギー源。特に脳は糖質から作られたブドウ糖だけが栄養源になる。摂取後すぐにエネルギーに変わるのが特徴。ほとんどの糖質は炭素と水からなるので、炭水化物とも呼ばれる。

筋肉、骨、内蔵など体の組織を作る

スタミナを生み出すエネルギー源

たんぱく質 PROTEIN

身体を構成するための重要な栄養素。摂取して消化、吸収されると最終的にアミノ酸に分解され、筋肉や骨、皮膚、内蔵、血液などの体組織を維持したり、脂肪やエネルギーになったりと多様な働きをする。

脂質 LIPID

身体におけるエネルギー貯蔵庫の役割を担う。食物による供給がストップした時も、脂質がエネルギーとして生命活動を保つ。また、血液やホルモンなどの構成をする他、脂溶性ビタミンの吸収をサポートする。

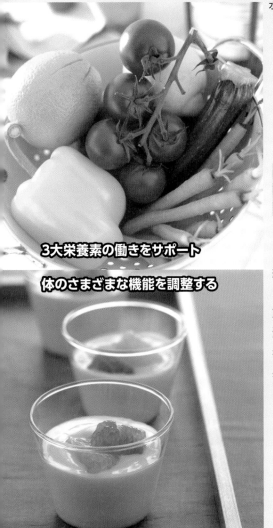

3大栄養素の働きをサポート

体のさまざまな機能を調整する

朝昼夕の3食 +タイムリーな補給食

　食事による栄養補給は、コンディショニングの中でも特に重要度が高い項目だ。練習やレースで体を動かし、集中力を維持するためのエネルギーとなるだけでなく、筋肉や骨格、人体など体のあらゆる部位を形成・強化する材料にもなる。まずは栄養素の種類と主な働きといった基礎知識を身につけ、バランスの良い食生活を実践しよう。

　食習慣の改善の基本は、「朝昼夕の3食を毎回しっかり摂る」「5大栄養素が揃うメニューにする」の2つだ。これらを意識した食事を習慣化しよう。さらに、運動の前・中・後の補給食（間食）や給水も十分なパフォーマンスの発揮には必要だ。摂るタイミングにも気を配り、空腹・満腹状態で練習やレースに臨まないようにする。ハードな練習をした後は、疲労の回復を促す栄養素の速やかな補給が大切だ。体調の維持や体質の強化のために、こうしたタイムリーな補給食も習慣化しよう。

コツ 37 日々の食生活を改善する

①主食
（主な働き）
体を動かすエネルギー、集中力キープ

朝昼夕の3食を毎回とる

　朝昼夕のどこかを抜くと食事の間隔が空きすぎて栄養素の吸収率が落ちたり、体脂肪を過剰に貯め込みやすい体質になったりする。**3食の食事間隔は胃腸の負担を減らし、寝つきや目覚めの良さを含めた睡眠の質の向上にもつながってくる。まずは3食の習慣を定着させよう。**

　5大栄養素が毎回の食事メニューの中に含まれていれば、栄養バランスはだいぶ整ってくる。食材や料理に含まれる栄養素をいちいちチェックしなくても、右ページ上の表を参考に①から⑤を全部揃える意識を持てばいい。学校給食では基本的に揃っていることがほとんどだが、その他の食事では、保護者の方に協力してもらいながら、できるだけ揃えていこう。

②主菜（おかず）
（主な働き）
体の材料、丈夫な体をつくる

摂取できる主な栄養素

①主食	炭水化物（糖質）	ごはん、パン、麺類、じゃがいも など
②主菜（おかず）	たんぱく質、脂質、鉄分	肉、魚、卵、納豆、豆腐、乳製品 など
③副菜（野菜）	ビタミン、ミネラル	野菜類、きのこ類（サラダ、おひたし、炒めもの、煮物）
④副菜（果物）	ビタミン、炭水化物（糖質）	フレッシュフルーツ、果汁
⑤乳製品	カルシウム、たんぱく質	牛乳、チーズ、ヨーグルト など

③副菜（野菜）
（主な働き）
体調を整える

④副菜（果物）
（主な働き）
疲労回復、故障や風邪の
予防、ストレスの抑制

⑤乳製品
（主な働き）
丈夫な骨をつくる、
精神の安定

水分補給は「喉が渇く前に」が鉄則

　体内の水分不足は熱中症のリスクを高めるだけでなく、運動時のパフォーマンスの低下を招く要因にもなる。水分は飲んでから胃を通して吸収されるまでにしばらく時間を要するため、**水分不足を防ぐためには、喉の渇きを自覚する前に補給することが大切だ**。15〜20分間隔でコップ1杯（約80〜150ml）を目安にこまめに補給するクセをつけておきたい。

　また、汗をかくと、体内の水分に加えて塩分をはじめとするミネラル分（電解質）も排出されるため、水だけでなく、スポーツドリンクや塩分補給用のタブレットなどを併用して摂取しよう。スポーツドリンクなら胃から腸へすばやく浸透するハイポトニック飲料がおすすめだ。

超回復を利用して能力を向上させる

練習内容にメリハリをつける

　ハードな練習をして体が疲労すると、筋力などのパフォーマンスのレベルは低下する。その後、休養や栄養をとると徐々に回復して練習前と同じレベルに戻り、さらに少し上回るようになる。この現象が「超回復」であり、うまく繰り返していけば、能力を効率良く高められるのだ。

　超回復にかかる時間は個人差があるが、一般的には2〜3日程度とされる。したがって、ハードな練習をした後、2〜3日は、疲労回復を目的とした軽い運動にと

どめるとよい。**疲労回復が不十分なまま再びハードな練習をすると、超回復は起こらず、かえってパフォーマンスレベルの低下につながってしまう。試合への調整は10日前ぐらいから行うのがベターだ。**

　逆に休みすぎてしまうと、超回復の効果が失われ、パフォーマンスレベルは上がらない。タイミングの見極めが難しいが、練習の量や強度、コンディショニングの内容をいろいろ試して、自分に合った方法を見つけていこう。

休養

睡眠で疲労を回復する

睡眠の質を高める工夫をする

コンディショニングにおいて重要な休養の柱となるのはやはり睡眠だ。体や脳を安静状態にして休ませる睡眠は、成長ホルモンを分泌して疲労感の除去や病気への抵抗力の維持、筋肉の修復・再生などの役割を果たす。

毎日6〜8時間程度の睡眠時間の確保が基本だが、就寝時間が不安定な場合でも、脳内の体内時計を安定させて生活リズムが整いやすくなるように起床時刻を固定したほうがよい。

寝つきをよくするためには、あらかじめ「就寝前のルーチンワーク」をつくり、毎日実行することも大切。軽いストレッチやセルフマッサージ、入浴、静かな音楽を聴く、日誌をつけるなど、自分なりのやり方でOK。3つくらいを同じ順番で行おう。熱いシャワーやハードな筋トレ、テレビ視聴、ゲームなどは逆効果。就寝前のルーティンワークが定着すると、遠征先など環境が変わっても寝つきがよくなる。

湯船につかって疲れをとる

入浴でリラックスして疲労回復をしよう

水圧や温熱の作用で血流を高め、体温を上昇させる入浴は、有効な疲労回復策だ。**「リラックスの神経」と呼ばれる副交感神経を優位にしたり、入浴後にスムーズに体温が下がり、寝つきがよくなったりもする。**

入浴効果を高めるためには、①入浴前後に水分補給する、② 38 ～ 39℃のお湯に炭酸ガス含有の入浴剤を入れる（炭酸ガスは血管に入り込んで拡張させ、ぬるめでも血流と体温が早く上がる）、③軽く汗が出るまで 5 ～ 10 分湯船に浸かる、の 3 つがポイントだ。

シャワーで洗い流すだけでは温浴効果は得られにくい。

オリンピック選手による、練習後のシャワーと入浴との違いを比べた調査によると、入浴した選手の方がシャワーのみの選手よりも疲労回復が高いという結果が出ている。温かいお湯による血行促進のほかに、浮力の作用で筋肉の弛緩や全身のリラックス効果も得られるからだ。

練習・レース後はアイシングでケア

アイシングやマッサージで体をケアする

ハードな練習やレースの直後は、アイシングによるケアでダメージを受けた関節や筋肉の内部の炎症を和らげておこう。

アイシングの方法は、氷を入れた氷のう（ビニール袋でも可）や市販のアイスバッグを痛みや違和感のある部位に10〜20分程度、感覚がなくなるまで当て続ける。様子を見ながら数回繰り返す。軽度の炎症なら水道やシャワーで水をかける方法でもよい。

また疲労の回復を促すために入浴後などにセルフマッサージをしてみよう。軽く揉んだりさすったりしながら、コリやだるさがどの部位にあるのかをチェックする。

左右での違いや疲れがたまりやすい部位を知ることで、フォームの問題点がつかめることもある。軽く揉むだけで強い痛みを感じる場合や、2〜3日経っても治まらないときは医療機関で診察してもらおう。

ケガへの対処法を覚える

基本的に痛みがあれば
走らないこと

まず休養、早めに病院に行く

コンディショニングに気を配っていても、ケガをしてしまうことがある。練習中に明らかな痛みや腫れが生じたときは、すぐに中止し、4〜7日は休養にあてて様子をみることが大切だ。**原則、痛みが徐々に強くなっていくようなら自然治癒力がしっかり機能していないので、ランニングは行わない。**不安な時や脚を引きずるくらい痛む場合は速やかに病院に行き、医師の診察を受け、治療に専念する。

4〜7日の休養を経て痛みが明らかに弱まっている場合は、スピードや頻度、距離を落としてランニングを再開し、翌日に痛みがさらに弱まるか変化がない場合は、スピード、距離、頻度を少しずつ上げる。強くなる場合は元のレベルに戻す。ランニング中に痛みが強くなる場合はストライドを短くして、スピードと距離を落とす。それでも痛みが強まるようなら、すぐに中止しよう。

●脚のつり（痙攣）

痙攣の原因ははっきりとはわかっていないが、寒さや冷え、筋肉疲労、血液・筋肉のミネラルバランスの乱れなどが複雑に関与して起こると考えられている。ストレッチングをして収まることもあるが無理は禁物。

●腸腰じん帯炎（ランナーひざ）

ヒザ外側の骨とじん帯が擦れてヒザ外側に痛みが出る症状。

●疲労骨折

骨の同じところに負担が繰り返しかかることで内部に微細な骨折が生じて腫れや痛みが出る。

●足首周辺のねんざ

着地の際などに足首を強くひねってじん帯が損傷することで、くるぶしの周辺が腫れや痛みが出る症状。

●シンスプリント

足底アーチ（土踏まず）が下がることで、足で着地の衝撃が吸収しきれなくなり、負担がふくらはぎにかかってふくらはぎの内側に痛みが出る。

●足底筋膜炎

足底にある筋膜が無理に引き伸ばされることの繰り返しにより発生する。カカトや足裏全体に痛みが出る。

安静時心拍数を計る

計り方／手首を通る血管に指をあて、時計を見ながら脈拍をとり、1分間の心拍数を計測する。30秒間計って数値を2倍しても OK。安静時心拍数は朝の起床時、布団の中で寝たままの状態で計測する。

疲労が残っていると数値が上がる

体調管理や練習の効率化のために習慣化してほしいのが、心拍数を計ることだ。毎日続け、数値をメモしておく。前日にハードな練習をして疲労が残っていると、起床時の安静時心拍数の数値は普段よりも高くなりやすい。その日の練習の強度や量を調整したり休養したりすることで、体調悪化の回避につなげられる。

心肺機能や筋力が向上すると、同じ練習メニューをこなしても疲労度は下がり、翌朝の安静時心拍数もあまり上がらなくなる。また、練習で一つのメニューを終えた直後にも脈拍を計るようにすれば、ランナーとしての自分の成長度を、タイム以外で把握するバロメーターにもなる。

突発的な痛みには適切な処置をする

● RICE 処置

軽い打撲や捻挫、肉離れなどで有効とされるのが「RICE 処置」。痛みや腫れの悪化を防ぎ、回復を速くするための基本となるのでぜひ覚えておきたい。必要な用具を事前に準備しておくことも大切。

① Rest（レスト＝安静）

患部を動かさず、体重がかからない楽な姿勢をとる。筋肉や骨、靭帯の損傷悪化を防ぎ、身体に備わる自然治癒力を促進させる。

② Ice（アイス＝冷却）

氷のうか保冷材、冷却スプレーを使って患部を冷やし、痛みや炎症を抑える。1回に10〜20分ほど冷却し続け、無感覚に近い状態になったら止め、再び痛みが出始めたらまた冷やす。

③ Compression（コンプレッション＝圧迫）

弾力性のある包帯やテーピング、タオルなどで患部を圧迫し、腫れや内出血を抑える。強く巻きすぎるとうっ血したり神経系統まで圧迫してしまうため、患部周辺の皮膚や爪の状態を何度かチェックする。

④ Elevation（エレベーション＝拳上）

ケガをした脚や腕を心臓より高い位置に保つ。重力によって血液がスムーズに心臓に戻るようになり、内出血や腫れを抑え、痛みを和らげてくれる。

※ここで紹介する処置方法は、症状が起きた直後の初期対応の目安。症状の程度・経過によっては、早急に専門医の診断・治療を受ける必要がある。

突発的な痛みには適切な処置をするドバイス

ふくらはぎがつったら、段差を利用してアキレス腱をゆっくり伸ばす。立っていられない場合は、座って足の指を引いて筋肉を伸ばすか、足首を回しながらふくらはぎをマッサージする。

太ももの裏側がつったら、その脚を腰の高さまで上げてまっすぐ伸ばし、ヒザ周りの腱を伸ばす。脚のつりはクセになりやすいので、症状が治まった後も2〜3週間は周辺の筋肉のストレッチングやマッサージを重点的に行うことが大切。

つってしまう以外のケガ、打撲や捻挫、肉離れなどには、上記の RICE 処置を施すことが有効になる。

貧血対策

貧血に注意して体を整える

鉄分を多く含む食材
ほうれん草、いわし、レバー、
あさり、プルーン など

**クエン酸を多く含む
食材・食品**
レモン、グレープフルーツ、いちご、
パイナップル、キウイ、梅干し、お酢
など

ビタミンCを多く含む食材
ほうれん草、キャベツ、オレンジ、
レモン、ピーマン など

たんぱく質を多く含む食材・食品
肉、魚、チーズや牛乳などの乳製品、卵、
豆腐・納豆などの大豆食品 など

鉄分をしっかり補給し貧血を防ぐ

ランナーが陥りやすい体調不良として挙げられるのが「スポーツ性貧血」だ。ランニング中の目まいや体のふらつき、疲れやすさなどはっきりとした症状として現れることもあるが、ペースを上げているつもりでもなぜかタイムが縮まらない、ちょっとしたことでもイライラしやすいといったケースもある。

最大の原因は、体内の鉄分不足だ。鉄は、血液中の赤血球の成分であるヘモグロビンの形成に不可欠な栄養素。ヘモグロビンは肺から取り込んだ酸素を全身に運び、筋肉を動かすエネルギーとして使われる。

発汗による鉄分の流出や足裏の衝撃による赤血球の破壊などによりヘモグロビンが減ることが原因で貧血になりやすい。

予防するためには、普段の食事による鉄分とたんぱく質の補給が必要で、鉄の吸収を高めるビタミンC、クエン酸を含む食べ物も食事の中に積極的に取り入れたい。

イメージトレーニングでメンタル強化

狙い通りの展開で走り、好結果が出たレースのイメージを頭の中で思い浮かべる。ゴールシーンで自然と喜びが湧き上がるくらいリアルに想像しよう。

レース当日の行動をイメージする

トレーニングでは好記録が出るのに、いざ本番になると緊張して思うように実力が発揮できないという人は、イメージトレーニングの習慣を持つことをおすすめ。

練習が始まる前などに、リラックスした状態で目を閉じ、過去の経験を思い出しながら、レース会場に到着して、ウォーミングアップなどの準備をし、スタートラインに立つ自分を、周囲の環境や気象条件などを含め、できるだけ詳しく頭の中に思い描く。

さらに、レース中の展開をイメージし、好タイムでゴールするまでのシーンをシミュレーションする。**これを普段から何度か繰り返すと脳の中にイメージが刻まれて、本番を迎えても過度に緊張しなくなる。**

また、ウォーミングアップのメニューの順番や、水分補給やシューズのひもを締め直すタイミングなどをルーティンワークとして定着させておき、レース当日も同じように実行することも有効だ。

調子のピークになるよう最善を尽くす

CHECK POINT!
1 強度を落としてトレーニングする
2 3日前から糖質を含んだ食品を摂る
3 睡眠時間を確保する

過去の経験からピーキングに努める

　大会や記録会で最高のパフォーマンスを発揮するためには、その当日が近づくにつれ、より入念なコンディショニングによるピーキング（当日を心身共に最高の調子で迎えること）も必要だ。ただ、ピーキングは、各分野の専門家のサポートを受けながら体調管理に専念できるプロのアスリートでも難しいとされ、競技以外のことに費やす時間が多い学生選手は尚更である。

　しかし、日々のコンディショニングをベ

ースに、**本番直前の期間に栄養や休養のとり方、練習や補強運動などの取り組み方を調整することは、やはり大切**だ。失敗することも当然あるが、その経験を糧にして、次の機会に調整し直せばいい。

　このとき役立つのが、コンディショニング内容を記録したノートだ。同じ失敗を繰り返さないため、コンディションを維持・向上させるために、何が必要か、どこがよくなかったのかの手がかりが得られるはずだ。

POINT ❶ 強度を落としてトレーニングする

普段よりも距離や強度を落とし、疲労を残したまま当日を迎えないようにする。超回復を意識し、前日や前々日にハードな練習を無理に行わない。補強運動も回数を減らし、フォームやバランスを守ることを意識しながら慎重に進める。

POINT ❷ 3日前から糖質を含んだ食品を摂る

普段通りのバランスのとれた食事をとる。3日前からは糖質を多く含んだ食品（ごはん、麺類、パンなど）の量を増やし、筋肉のエネルギー源となるグリコーゲンを体内にしっかりと蓄えておく。

POINT ❸ 睡眠時間を確保する

前日、前々日は特に、睡眠時間を十分確保する。そのために、あらかじめ生活のスケジュールをきちんと管理しておくことが大切だ。前夜はイメージトレーニングを行わない。

+1 プラスワンアドバイス

ウェアなど入念に準備しておく

レースウェアなど会場に持参するものはすべて2日前までに準備し、前夜はバッグの中身の確認や微調整だけにする。集合場所や時間、移動の交通機関、現地の天気予報などもチェックしよう。

スケジュールを確認し、マイペースで行動する

CHECK POINT!
1 朝食はスタート3〜4時間前に摂る
2 レースに向けて体をほぐす
3 補食を摂って空腹にならない

スタート30〜40分前になったら、もう一度ウォーミングアップをして体に適度な刺激を与える。暑い日は水分補給に特に気を配る。

準備を整え自信を持ってスタートを切る

レース当日の朝に慌てて準備をしたり、スタート前の時間を持て余したりするようでは、自信を持ってスタートラインに立つことはできない。心の平静を失った状態では、練習どおりの力がなかなか出せず、結果もついてこない。レース当日の過ごし方は、ランナーにとって重要なコンディショニングの一つ。**スタート時間から逆算**して予定を立て、現地では大会のスケジュールや連絡に気を配りながら、**マイペースで行動することを意識しよう**。また、前日までに行う準備も大切だ。

初出場のときはそれでも緊張してしまうが、不安材料は少ないほど良いはず。レース経験を重ねるうちに、過ごし方のコツもつかめ、不安感も消えていくだろう。

POINT ① 朝食はスタート 3〜4時間前に摂る

当日の朝食はスタート時間の3〜4時間前が理想。エネルギー源となるごはんやパン、麺類を主食に、普段どおりの朝食を摂る。お餅やカステラ、バナナなどを加えて糖質を多めに補給しておく。脂肪の多い肉や魚、消化に時間のかかる食物繊維を少なめに。

POINT ② レースに向けて 体をほぐす

コーチや監督の指示に従い、受付を済ませてゼッケンなどを受け取る。スタート1時間前を目安に、所定のウォーミングアップエリアなどを軽く走って体を温める。続いて全身のストレッチングやアップ運動を行い、筋肉や関節をほぐしておく。負荷をかけすぎないように注意。

POINT ③ 補食を摂って 空腹にならない

朝食後にかなり時間が空いてしまう場合は、レースの2〜3時間前までを目安に、おにぎりやパン、バナナやスポーツゼリー飲料などの軽めの補給食をとっておく。スタート1時間前からは食べ物はなるべく口にせず、水やスポーツドリンクでの水分補給にとどめる。

+1 プラスワンアドバイス

態勢を整えて スタート地点に立つ

決められた集合時刻に遅れないようにスタート地点へ移動する。気温が低い日は、足踏みや軽いもも上げ運動などで体を冷やさないようにする。スタート直前は深呼吸をして心と体を落ち着かせ、最後に目標となるタイムやペースなどを頭の中で確認する。

ボディケアと栄養補給を忘れない

CHECK POINT!
1 汗を拭いて体調を整える
2 レース後はウエアを着替える
3 レース後はしっかり栄養・水分を摂る

ダメージからの回復を促す

レース後はタオルで汗を拭いてから速やかに着替えることが大切。夏場は汗を多くかくし、冬場や雨の日は走り終わった先からどんどん身体が冷えてしまう。体力を消耗していることもあり、風邪などの体調不良になりやすいので特に注意が必要だ。

また、水分も速やかに補給しておく。

塩分などミネラル分も排出しているので、スポーツドリンクも用意しておき、たとえ喉が渇いていなくても必ず飲んでおこう。レース終了後30分以内を目安におにぎりやスポーツゼリーなどの軽食を摂っておくと、疲労や筋肉痛からの回復が促される。

POINT ① 汗を拭いて 体調を整える

　コンディションを良い状態にキープしておくには、ある程度の体温が必要になる。汗をかいてそのままにしておくと、自然蒸発し体温が下がってしまうので、タオルで拭くことが大切になる。

POINT ② レース後は ウエアを着替える

　汗をかいたらタオルで拭くこと以外に、ウエアを着替えて体温の低下を防ぐ。気温が低いときは、あらかじめ上着を重ね着しておき、保湿につとめる。

POINT ③ レース後はしっかり 栄養・水分を摂る

　レース後にはまず、水分補給を最優先に行う。喉の渇きを感じなくても、体内の水分やミネラル分は減少している。また、体力を消耗した後なので、軽食などをとり、疲労した体へ栄養を補給する。

+1 プラスワンアドバイス

ストレッチやマッサージをする

　レースが終わった後は、マッサージをしながら体に痛みがないか全体的にまんべんなく調べる。クールダウンとして、ストレッチを全身にかけて行い、特に脚を入念に行う。体のケアをきちんと施し、次のレースに向けてコンディションを整えておく。

ランニングノートをつける

ノートに書き込むことで考えが明確
になり、次の練習の効率アップや
レースでの成長につながる。

能力の変化やコンディションを客観的に判断する

　自分の長所・短所などランナーとしての特徴や成長の度合いを客観的に見ることができると、より正確な分析が可能となり、効率の良い能力のレベルアップにつながる。そのために効果的なのが、ランニングに関することを記録したノートを作ることだ。

　日々、練習内容や感想、レース展開や記録などを書き込むことで、**自分の考え方や競技に取り組む姿勢をまとめることができ、成長のために必要なこと、具体的**な課題が明確になる。ただ頭で考えるだけでは記憶が薄れて忘れてしまうことがあるので、手を動かして文字として残すことが大切だ。

　さらに、その日の体調や食事メニュー、睡眠時間などコンディショニングに関することもノートをつけ、時折振り返ることで、コンディションの浮き沈みが把握でき、ケガや体調不良の予防、レースに向けたピーキングにつながる効果も期待できる。毎日の習慣としてぜひ取り組んでほしい。

ランニングノートの記入項目例

日付

天候

暑さや寒さ、湿度、風の向きや強さなど詳しく記録する。

練習時間

開始時刻と終了時刻、途中休憩時間。

練習内容

各メニューの本数やタイム設定、ウォーミングアップやクーリングダウンなど、できるだけ具体的に。

練習の感想、反省

練習での体の動き、調子、疲労感、良かった点、悪かった点など。

レース・競技記録

大会名や会場名、種目名、スタート時間、自己記録 (ラップタイムとフィニッシュタイム)、出場者数と選手名 (わかる範囲で OK)、優勝・入賞選手の記録など。

レースの感想、反省

スタート直前のコンディション、コース状況 (風の向きや強さなど) レース展開、良かった点、悪かった点などを詳しく書く。

今後の課題・目標

練習やレースの感想・反省を踏まえ、次の練習で気をつけること、取り組むべき課題、目標とすること。

食事内容

朝昼夕のメニュー、補給食のタイミングと内容。

前日の睡眠時間

リカバリーのためのボディケア

入浴やストレッチング、セルフマッサージなどボディケアの内容。

メンタルケア

リラクゼーション、イメージトレーニングなど。

コンディションに関する感想

だるさなどの疲労度や筋肉の張り、痛み、違和感などの体の異変について。

その他

起床時の心拍数、監督・コーチ・チームメイトからのアドバイス、気になった出来事、など。

【監修】
松井一樹

1990年生まれ、大阪府出身。現役時代は800mを中心とした中距離選手。引退後は大学生や社会人を中心に中距離選手の指導にあたり、これまで川元奨(800m日本記録保持者・リオオリンピック日本代表)、大森郁香(14年女子800m日本選手権優勝)、金子魅玖人(20・21年800m日本選手権準優勝)等を指導。また日本陸上競技連盟強化委員会オリンピック強化コーチや、日本学生陸上競技連合強化委員を務める。

【モデル】
川元奨

1993年生まれ。中学から陸上をはじめ、2010年の高校3年時には全国高校総体と国民体育大会で800mで2冠を達成。その後の大会では当時の高校新記録を樹立(1分48秒46)。日本大学進学後は2012年日本インカレ優勝、2013年日本選手権優勝(2018年まで6連覇)、2013年東アジア大会優勝など800m種目で数々の好成績を残す。大学卒業後はスズキ浜松ACに所属し、2015年アジア選手権銅メダルを獲得。2016年にはリオオリンピック日本代表に選出される。800m走日本記録保持者(1分45秒75)。

【PART4　監修協力】
五味宏生

1983年生まれ。早稲田大学スポーツ科学部在学中より陸上競技のトレーナーの活動をはじめる。日本陸連医事委員会トレーナー部委員として川元選手、大迫選手はじめ国内トップ選手と共に国際大会や合宿等に帯同。帝京大学教員を経て、現在はプロトレーナーとしてアスリートのコンディショニングに関わる。

【モデル】
戸澤文也

STAFF

- ●撮影　　上重泰秀、柳太
- ●デザイン　居山勝
- ●執筆協力　海川俊世
- ●編集　　株式会社ギグ

**トラック走を極める！陸上競技
中長距離　新版**

2021年11月15日　第1版・第1刷発行

監 修 者　松井一樹（まついかずき）
発 行 者　株式会社メイツユニバーサルコンテンツ
　　　　　代表者　三渡　治
　　　　　〒102-0093東京都千代田区平河町一丁目1-8
印　　刷　株式会社厚徳社

©ギグ, 2017, 2021. ISBN978-4-7804-2551-2 C2075 Printed in Japan.

ご意見・ご感想はホームページから承っております
ウェブサイト　https://www.mates-publishing.co.jp/

編集長:堀明研斗　企画担当:堀明研斗

※本書は2017年発行の『トラック走を極める！陸上競技　中距離走』を「新版」として発行
　するにあたり、内容を確認し一部必要な修正を行ったものです。